この国を破産させてなるものか

増本 正典

Masanori Masumoto

文芸社

序　文

　筆者は公認会計士・税理士としての仕事のかたわら、趣味として詩吟を習っている。かねて日本の財政状態の危機を感じとっていたので、最も信頼するその詩吟の団体「日本吟心流詩吟国舟会」に、1997年（平成9年）警告を訴え続けて以来、にわかに周りの関心も高まるに至った。

　しかし、当初は仕事に直接関係あるわけでもなく、いずれ政府で善処されるであろうくらいの、他人ごと程度にしか考えていなかった。

　しかしながらそれ以来、年々危機の度を増すにつれ、よく考えてみると、これは我々の生活に直結する問題であり、このまま放置すれば大変なことになることがわかり、愕然とするに至った次第である。

　筆者は1915年（大正4年）生まれだから、今年で88歳になった。米寿で、すでに平均年齢以上に長生きさせてもらったので、そろそろ引退の潮時かと考えていたのに、この有様である。

　筆者が心配する財政危機の内容とは次の2点である。
1．いつ癒えるマンネリ化した財政赤字体質
　　　　歳入 − 歳出 ＝ 0

と、なるべきところ、2003年度では、

42兆－82兆＝△40兆

1965年（昭和40年）以来40年間年々赤字続きで、いつ健全財政に戻れるか全く見通しが立たない。ムダな支出を省いて歳入の範囲内に収める意欲が全く感じられない。いつまで自転車操業を続けるつもりか疑いたくなる。ムダを省いて赤字をなくせと叫びたくなる。

個人の家庭なら誰でも、収入の範囲内でやりくりすることを考えるはずである。家庭でできて国でできないはずはない。為政者の怠慢としか言いようがない。

2．膨大な借金の累積、さらに増えつづける。

現在すでに1,000兆円（24年分の年収）の借金を抱え―これは到底返済不可能―なおも年々増えつづける。

1,000兆円÷42兆＝24（年）

これを改善する方法は次の2つしかない。

○増　税

今まで国民は増税と耐乏を強いられてきた。なおその上に打ち続く不況の下、リストラ、失業により生活苦はその極に達し、これ以上の増税には到底耐えられない。年間に自殺者が3万人超の現実もある。増税は絶対避けねばならない。増税しか考えつかない為政者は総退陣せよ。

為政者の中には、「国の借金が800兆円あると言っても、

少しも心配ありません。我々には1,400兆円という国民の金融資産があるし、5,000兆円の外貨準備高があるのですから」と、公言して憚らない。自分達の失政のツケを国民に肩代わりさせようという魂胆である。もってのほかだ。

○地道な改革
　ゼロに立ち戻り、地道にムダを省いて一から出直す真面目な改革の方法しかないのだ。これが唯一の救国策である。

　このような危ない綱渡りを続けるなか、収入の頼みの綱とする国債の発行がストップする事態が発生したら大変なことになる。その危機が感じられるこの頃である。そうなったらどうするつもりか、そうなってからではもう遅いのだ。考えるだけで肌に粟を生ずる。

　しかるに、危機状態が深刻化するにもかかわらず、政府当局者はじめ与野党ともに一向に危機意識が感じられない。それどころかさらに国債増発の声も喧々囂々（けんけんごうごう）としている。また、民間からも改善の声が上がらず、時折散発的な意見が聞かれているが、大勢を占めるに至らず、荏苒（じんぜん）と日を送る今日である。明日にも破綻しかかっているのに、もし破局を迎えたらどうするつもりかと、矢も楯もたまらなくなる。

　余生いくばくもないこの身ながら、これでは到底安心

して立命できない。

 されば老骨ながらこの身に鞭打って、一人でも多くの人に状況を認識してもらい一億総決起を乞い願おうと思い立った次第である。

 願わくは、一人でも多く筆者の意を汲み取られ、伝統あるこの国を危機より救うべく努力しようではありませんか。

 2004年　陽春の候

　　　　　　　　　　　　　　　　　　　　　増本正典

目　次

　序　文 …………………………………………………………… 3

第1章　わが国の財政状態

　Ⅰ　わが国の財政収支並びに借金総額 ………………………… 14
　　1．2003年（平成15年）度の収支状況 ……………………… 14
　　2．この財政状態の2つの問題点 …………………………… 15
　　　①毎年の収支赤字体質をいつどうして改めるのか …… 15
　　　②膨大な借金をどうして返済するか …………………… 16
　　　※歳入・歳出の概要 ……………………………………… 16
　Ⅱ　この借金の重さ ……………………………………………… 19
　　1．1兆円とは ………………………………………………… 19
　　2．この借金は何年分の歳入にあたるか …………………… 19
　Ⅲ　莫大な借金を放置した歴代内閣の責任 …………………… 21
　　1．国債発行の経過 …………………………………………… 21
　　　①国債残高についての疑問 ……………………………… 23
　　　②2004年発行残高予想1,300兆円、借金総額2,000兆円 … 27
　　　③国債の借換えについて ………………………………… 28
　　　④国債発行に対する基本的考え方 ……………………… 28
　　2．歴代内閣の責任 …………………………………………… 29
　Ⅳ　この借金を返せるか ………………………………………… 31
　　1．小泉内閣の処理状況 ……………………………………… 31
　　2．現在では返済不可能 ……………………………………… 31
　Ⅴ　外国からの評価 ……………………………………………… 33
　　1．米国ムーディーズ社の日本国債格付け ………………… 33

2．ムーディーズ社の言い分……………………………………… 34
　　3．この格付けに対する国内の反響……………………………… 34
　　4．この格付けからの教訓………………………………………… 35

第2章　日本の財政は実質破綻だ

　Ⅰ　国債発行の実際……………………………………………………… 38
　　1．2003年度国債発行の実際……………………………………… 38
　　　※借換債…………………………………………………………… 38
　　　※財投債…………………………………………………………… 39
　　2．これでは手形のジャンプと同じだ…………………………… 39
　Ⅱ　国の財政は実質破綻だ……………………………………………… 41
　　1．30兆円枠はピントはずれ……………………………………… 41
　　2．会計制度再検討の必要あり…………………………………… 41
　　3．今までの暴走を許した原因を反省せよ……………………… 42
　　　①為政者よ、まだ気づかないのか……………………………… 42
　　　②国会は一院制にせよ…………………………………………… 42
　　　③国会のマンネリ化は異常だ…………………………………… 43
　　　④自助努力せよ…………………………………………………… 43
　　　⑤計数感覚にあまりに疎い……………………………………… 44
　　　⑥チェック制度と責任の所在…………………………………… 45
　　　⑦予算に対する理解と関心がない……………………………… 46

第3章　国が破産したらどうなるか

　Ⅰ　国の破産……………………………………………………………… 48
　　1．国が破産することがあるのか………………………………… 48

Ⅱ　破産のキッカケ……………………………………………50
　　1．国債が売れなくなったとき………………………………50
　　　※自己資本比率……………………………………………50
　　2．金利が上がったとき………………………………………52
　Ⅲ　国が破産したらどうなるか………………………………53
　　1．個人や会社の場合…………………………………………53
　　　※民事再生法、会社更生法…………………………………53
　　2．国家破産の場合……………………………………………54
　　　①デフォルト宣言…………………………………………54
　　　②デフォルト宣言による内外の反応……………………56
　　　③我々の市民生活は………………………………………58
　　　④かくては日本の国は滅亡だ……………………………58
　　　※GDP………………………………………………………59

第4章　この国を破綻させてなるものか
　Ⅰ　なんとしても破産を回避せよ……………………………62
　Ⅱ　強力なリーダーの出現……………………………………63
　　1．リーダーの素質……………………………………………63
　　2．危機の現実を認識せよ……………………………………64
　Ⅲ　国会の協力態勢……………………………………………66
　　1．一億総決起せよ……………………………………………66
　　2．三位一体の実を挙げよ……………………………………67

第5章　大改革の断行
　Ⅰ　大改革の断行………………………………………………70

1．大改革の概要……………………………………70
　　2．大改革の早期宣言を……………………………72
　　3．早期宣言の意味…………………………………72
　Ⅱ　大改革の目的と効果………………………………74
　Ⅲ　大改革の実行………………………………………76
　　1．まず隗より始めよ………………………………76
　　　○国会の改革 ………………………………………76
　　　○地方議会の改革 …………………………………77
　　　◎呆れかえる地方議会の定員認識など …………77
　　2．消費税の廃止……………………………………79
　　3．将来像を示せ……………………………………81
　　　①民意を察知せよ …………………………………81
　　　②年金の不安について ……………………………82
　　　※坂口試案 …………………………………………84

第6章　亡国の兆し

　　1．生命保険予定利率引き下げは亡国の兆しだ………86
　　2．自殺者年間3万人！　これで経済大国とは………88
　　　※自殺防止センター …………………………………89
　　3．銀行への公的資金導入をやめよ……………………90
　　4．拉致事件について……………………………………91
　　　※強制連行の問題 ……………………………………91
　　5．ＯＤＡは即刻中止せよ………………………………93
　　6．改憲問題について……………………………………94
　　7．教育改革の急務歴然たり……………………………97

8. 文部教育行政への要望 …… 99
①大学入試センター出題にみる文部行政の偏向 …… 99
②教育委員会について …… 100
9. 政党助成金の中止 …… 101
10. 靖国問題 …… 103
11. 対外教科書問題 …… 105
12. 戦時賠償問題 …… 107
（中国、韓国、北朝鮮ほか）
13. 日本国民の国旗・国歌に対する愛着度 …… 111
※国旗・国歌に対する処理の実際 …… 111
14. 先進国の負債比較（対GDP比） …… 113

終わりに …… 115
①気がかりな一部為政者の言動 …… 115
②借換国債を借金と認めない異常センス …… 117
③くれぐれも忘れてならない3カ条 …… 119
第1 国債の発行は増税と同じだ …… 119
第2 現在、我々国民が負担すべき借金は1人当たり2,000万円 …… 120
第3 安全圏に脱出する道はただ一つ——本書の改革あるのみ …… 121

第 1 章
わが国の財政状態

I　わが国の財政収支並びに借金総額

1．2003年（平成15年）度の収支状況

わが国の昨年（2003年）における歳入、歳出は次の通りであった。

　　　歳入　　－　　歳出　　＝　　0
　　41兆7860億円　　81兆7890億円　　△40兆30億円
　　　42　　　　　　　82　　　　　　△40

つまり本来、歳入－歳出＝0の均衡財政となるべきところ40兆円の赤字財政となっている。

そして、その赤字は何で補充したかと言えば、国の借金である国債を発行して賄ってきた。その国債の累計額が03年度末で約500兆円に達したと言われている。

この他に地方自治体の借金約200兆円を合わせると、公表された日本の借金総額は国・地方合計で約700兆円に達することになる。

＊①日本の借金総額がいくらあるかについては、政府発表では曖昧模糊としてつかみにくい。しかし話を進める上で必要なため、次の仮定によることにしたのでご

了承願いたい。

国債発行残高(正確)	428兆円	
隠れ借金(推定)	300兆～350兆円	合　計 約1,000兆円
地方公共団体借金(概ね正確)	200兆円	

このうち隠れ借金とは財政投融資、郵便貯金等からの一時借入れ、特殊法人等への貸付等実質借金と見なされるものを想定した。

なお、後述の格付け会社ムーディーズ社（33頁参照）でも日本の負債総額はわからないと言っている。

②これを個人の家庭にたとえると、年収は420万円なのに、毎年820万円使い、借金総額は1億円に達している、ということになる。

2．この財政状態の2つの問題点

ここに示されたわが国の財政状態では次の2つの問題点が指摘される。

①毎年の収支赤字体質をいつどうして改めるのか

　元来、国の財政処理に当たっては、

「入るを計って出ずるを制す」

という厳然たる均衡財政の鉄則がある。これは国に限らず個人の家庭でも当然遵守すべきルールであることは

誰一人として知らない者はいない。

　なのに1965年（昭和40年）以来、このルールが守られたためしがない。

　これがいつからどうして黒字に改善されるのか、さっぱり見当がつかない。

②膨大な借金をどうして返済するか
　現在すでに１千兆円という天文学的な累積借金を抱えているとは！　にわかには信じがたい話である。これをどうして返済するのか、また返済できるのか。

　この借金は大雑把に言って１億の国民が１人当たり1,000万円負担しなければならない。我々はそんな借金なんか認めないと言っても、政府がつくった借金は国民全員で負担しなければならないことだから通らない。

　とにかくこれだけの膨大な借金をつくってしまった。しかも毎年増え続けている。

※歳入、歳出の概要
　国の予算など普通は必要ないが、今回問題となっているので、概要だけ頭に入れておこう。
　2003年（平成15年）度歳入歳出の概要（単位兆円）

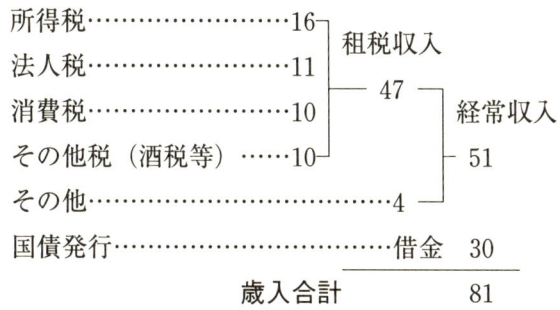

＊不況のため税収47→41、借金30→36となる。

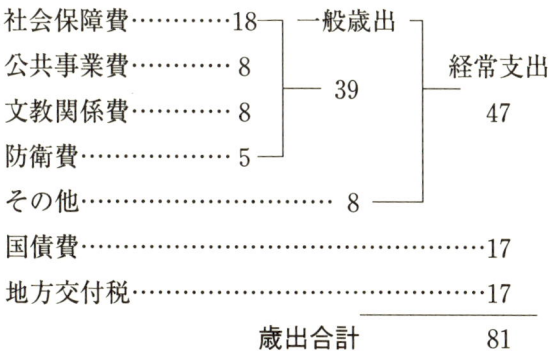

国の収入は三本柱（所得・法人・消費税）とその他の租税収入で賄われている（47兆円）

↓

経常支出47兆円

社会保障費……年金、社会福祉、生活保障、保険衛生、

　　　　　　　失業対策等
文教関係費……義務教育、国立学校、科学振興、教育
　　　　　　　振興、育英事業等
国債費…………国債の償還、利息支払等
地方交付税……租税収入は国が徴収するので、その中
　　　　　　　から地方公共団体に財源を分けてやる
　　　　　　　もの。都道府県等はこれを貰ってそれ
　　　　　　　ぞれの予算をたてて行っている。

　当初の税収予算は47兆のところ、不況のため実収入は41兆円に大きく落ち込んだ。

　国債発行の予定は30兆円（小泉総理の公約通り）が36兆円となったが実際には141兆円発行されている。（31頁参照）

Ⅱ　この借金の重さ

1．1兆円とは

　ところでこの国の予算で兆円という単位は我々にはピンとこない。

　そこで、これは我々国民1億人（正確には1億2千6百万人）が1人1万円ずつ税金を負担すると1兆円となる。また1兆円あれば、1人平均20万円として500万人の失業手当を払うことができるという大変な金額である。概算この程度の単位と思えばよろしかろう。

2．この借金は何年分の歳入にあたるか

　昨年度（2003年）の歳入では、
　　1,000兆円÷42兆円＝24年分
　4～5年前までは50兆円くらいの歳入であったが、それにしても20年分となる。
　　1,000÷50＝20
　なお、2004年度は税収の落ち込みがひどく、40兆円を割り込むことは確実のようである。
　いずれにしても、歳入の24年分の借金と言えば気の遠くなる重圧を感じる。

＊1982年（昭和57年）、鈴木内閣時代に国債発行残高が82兆円（当時歳入の約3倍）に達したことから大騒ぎとなり、経団連会長の土光敏夫さん（東芝出身）を引っ張り出し第2臨調を組織して改革に当たらせたことがあった。土光さんは「増税なき財政再建」を合言葉に、極力国債増発を抑制し続けたが、その退任後、特にバブル期において増発を蒸し返すに至った。当時のA級戦犯は宮沢、細川、村山の各総理である。

Ⅲ 莫大な借金を放置した歴代内閣の責任

１．国債発行の経過

国債には元来、次の２種類がある。
・建設国債……公共事業（道路、橋等）建設のため発行されるもの。
・赤字国債……赤字補填のためで、特例国債と呼ばれている。

＊国債発行の根拠
　国債を発行できるのは次の財政法第４条の規定による。
財政法第４条
①国の歳出は、公債または借入金以外の歳入を以て、その財源としなければならない。ただし公共事業費、出資金及び貸付金の財源については、国会の議決を経た金額の範囲内で、公債を発行しまたは借入金をなすことができる。
②前項の但し書きの規定により公債を発行し、または借入金をなす場合においては、その償還の計画を国会に提出しなければならない。
③第１項に規定する公共事業費の範囲については、毎会計年度、国会の議決を経なければならない。

この規定を見る限り、公共事業用の建設国債は出せるが赤字国債は発行できる規定がない。

　国の予算は歳入の範囲内で組むのが大前提だから、初めから赤字になることは考えられない。特殊の場合だからと毎年特例法によって国会の承認を経て発行しているというのが実情である。

　そこで、次に国債発行の推移表をご覧いただきたい。

　この表（24・25頁）は重要なのでよく検討してみよう。数字だらけの表で一般には興味ないことおびただしく申し訳ないが、要点だけつかんでいただこう。

　新規債……新しく発行した国債の金額。その内訳として４条債（公共事業用の建設国債）と特例債（赤字国債）がある。

　借換債……前に発行した国債を決済できないためのジャンプ国債。(39頁参照)

　計…………年間発行総額。

この表を一見してわかることは、
・1965年（昭和40年）以来今日まで40年近くの間、借金しなかったためしがない。

これには読者諸賢アッと驚かれるであろう。筆者も一瞬異常と感じる。
・しかも年々増加の傾向は一目瞭然である。

・借換債にしても、1973年（昭和48年）この制度ができて以来30年間、借換えしなかった（きちんと国債を返済した）のは1回だけで、残り29回は約束違反（期日に決済できなかったから）ということになる。その金額も平成15年には歳入額をはるかに上回る75兆円に達した。その結果、年間合計国債発行額は140兆円を突破している。

　これまた異常と言わずして何ぞやと言いたい。

　これにより国を破滅の危機に瀕せしめている現在、筆者は警鐘を鳴らして朝野に決起を促す次第である。

＊この表によれば借換債は新規債ではないことになっているが、これは間違いで借換債も新規債の中に計上すべきであると考える。これについては後で説明する。

① 国債残高についての疑問

　この表で国債残高（2003年で約450兆円）の算出法は次の通りと思われる。

前年残高（1972年の例）	58,186
該当年発行額計（1973年）	＋ 23,620
計	81,806
この表の1973年残高	－ 75,504
差額	6,302

戦後の国債発行額の推移 (単位億円)

年度		国債発行額				
		新規債	4条債	特例債	借換債	財投債
1947〜1964	22〜39			収 支 均 衡 予 算		
1965	40	1,972	——	1,972	——	——
1966	41	6,656	6,656	——	——	——
1967	42	7,094	7,094	——	——	——
1968	43	4,621	4,621	——	——	——
1969	44	4,126	4,126	——	——	——
1970	45	3,472	3,472	——	——	——
1971	46	11,871	11,871	——	——	——
1972	47	19,500	19,500	——	——	——
1973	48	17,662	17,662	——	5,958	——
1974	49	21,600	21,600	——	6,358	——
1975	50	52,805	31,900	20,905	4,156	——
1976	51	71,982	37,250	34,732	3,712	——
1977	52	95,612	50,280	45,333	3,128	——
1978	53	106,740	63,300	43,440	6,326	——
1979	54	134,720	71,330	63,390	——	——
1980	55	141,702	69,550	72,152	2,903	——
1981	56	128,999	70,399	58,600	8,952	——
1982	57	140,447	70,360	70,087	32,727	——
1983	58	134,863	68,099	66,765	45,145	——
1984	59	127,813	64,099	63,714	53,603	——
1985	60	123,080	63,030	60,050	89,573	——
1986	61	112,549	62,489	50,060	114,886	——
1987	62	94,181	68,800	25,382	154,490	——
1988	63	71,525	61,960	9,565	139,461	——
1989	元	66,385	64,300	2,085	150,798	——
1990	2	73,120	63,432	9,689	186,532	——
1991	3	67,300	67,300	——	188,757	——
1992	4	95,360	95,360	——	214,969	——
1993	5	161,740	161,740	——	218,129	——
1994	6	164,900	123,457	41,443	228,817	——
1995	7	212,470	164,401	48,069	253,767	——
1996	8	217,483	107,070	110,413	265,524	——
1997	9	184,580	99,400	85,180	314,320	——
1998	10	340,000	170,500	169,500	424,310	——
1999	11	375,136	131,660	243,476	400,844	——
2000	12	330,040	111,380	218,660	532,697	——
2001	13	300,000	90,760	209,240	593,296	438,831
2002	14	349,680	91,480	258,200	696,156	343,527
2003	15	364,450	64,200	300,250	749,678	300,100
2004	16	436,900	71,000	365,900	883,100	300,000
計					6,768,613	1,382,458

(注) 平成14年度は補正後、15年度は当初、16年度は見込みによる。

計	国債依存度（%）	国債残高	国債費	内閣
国 債 発 行 せ ず				
1,972	5.3	2,000	221	佐藤
6,656	14.9	8,750	489	〃
7,094	13.9	15,950	1,153	〃
4,621	7.8	20,544	2,013	〃
4,126	6	24,634	2,788	〃
3,472	4.2	28,112	2,909	〃
11,871	12.4	39,521	3,193	〃
19,500	16.3	58,186	4,554	田中
23,620	12	75,504	7,045	〃
27,958	11.3	96,584	8,622	〃
56,961	25.3	149,731	10,304	三木
75,694	29.4	220,767	16,647	〃
98,741	32.9	319,024	23,487	福田
113,066	31.3	426,158	32,227	〃
134,720	34.7	562,513	40,784	大平
144,605	33.5	705,098	53,104	〃
137,951	26.2	822,734	66,542	鈴木
173,175	21	964,822	78,299	〃
180,009	26.5	1,096,947	81,925	中曽根
181,417	25	1,216,936	91,551	〃
212,653	22.2	1,344,314	102,242	〃
227,435	20.2	1,451,267	113,195	〃
248,672	19.4	1,518,093	113,335	〃
210,986	15.6	1,567,803	115,120	竹下
217,183	11.8	1,609,100	116,649	〃
259,652	8.4	1,663,379	142,886	海部
256,057	7.6	1,716,473	160,360	〃
310,329	10.1	1,783,681	164,473	宮沢
379,869	11.2	1,925,393	154,423	〃
393,717	18.7	2,066,046	143,602	細川
466,238	17.7	2,251,847	132,213	村山
483,007	28	2,446,581	163,752	〃
498,900	21.6	2,579,875	168,023	橋本
764,310	20	2,952,491	172,628	〃
775,979	37.9	3,316,687	198,319	小渕
862,737	38.4	3,675,547	219,653	〃
1,332,127	34.3	3,924,341	171,705	森
1,389,363	36.9	約428兆円	166,712	小泉
1,414,228	44.6	約450兆円	167,981	〃
1,620,000				〃

1973年の例をとると23,620億円発行したから前年残高に加えて合計81,806億円となる。ところがこの表では1973年残高は75,504億円とあるから6,302億円少なくなっている。この金額は借換債5,958億円＋償却額344億円＝6,302億円と推定される。つまりこの表の残高には借換債の金額を除外してあることがわかる。

＊国債の償却額344億円は同年の国債費7,045億円（元本償却と利息の支払）の中から支払われるが利息を払った残りだからほとんど問題にならない。

　同様な方法で検証すると、

2001年発行総額	1,332,127
前年残額	＋3,675,547
計	5,007,674
この表の2001年残高	3,924,341
差額	1,083,333

これだけ少ないのは、

借換債	593,296	⎫
財投債	438,831	⎬ 1,083,333
償却額（推定）	51,206	⎭

これでも借換債と財投債が計上されていないと推定できる。

②2004年発行残高予想1,300兆円、借金総額2,000兆円

　この表によれば、平成15年に国債発行残高が約450兆円に達するとあり、それが今日の定説となっている。筆者もこれを受けて、2004年には間違いなく500兆円になると信じていたところである。

　ところが、この表を検証するに及んで根本的に疑念を生じた。

　2001年以来、毎年130兆～150兆円の国債を乱発しながら、公表される国債残高は増え方があまりに少ないと思っていたが、そのカラクリがわかったように思う。

　筆者の推定によれば、

　　　2004年残高　　　　　約　　　500兆円
　　　借換債（計上洩れ）　　〃　　　671　〃
　　　財投債（　〃　）　　　〃　＋　138　〃
　　　　　　　　　計　　　　〃　　1,309兆円

　実際の発行残高は1,300兆円を超えることになる。これに200兆円の地方債を加えると1,500兆円、さらに公表されていない隠れ借金などを加えると、わが国の借金総額はなんと2,000兆円という大台に達することになる。

　この調子で行けば、3年で500兆円ずつ加速的に増加することは間違いない。思うだけで空恐ろしくなる感じがする。

```
2004年発行高（確定）162兆円 ⎫
2005年  〃   （予想）170  〃  ⎬ 502兆円
2006年  〃   （ 〃 ）170  〃  ⎭
```

③国債の借換えについて

　すでに検討したように、政府発表（24・25頁参照）では借換債は新規債ではないことになっているが、これは間違いであると信ずる。なぜならば、

　　1．いったん国債を発行したら、満期日には決済するのが建前である。新たに発行しなければ決済できないのは赤字国債と同じになる。
　　2．借換債という呼び方が適当でない。
　　　特例債……赤字補填のための国債
　　　借換債……借換えのための国債（38頁参照）

　いずれも目的が違うだけで、新規に発行されることに変わりはない。

④国債発行に対する基本的考え方

　24・25頁の表を見る限り、借金や借換えの連続の増大、それに借換えは新規債ではないという考え方の底辺には、次のような安易な考え方が潜んでいるように思われてならない。

　　1．予算が足りなければ借りるほかない。
　　　歳入の範囲内で賄う歳入主導型ではなく、歳出主導型である。

2．返済できないものは仕方がない。
(真剣に返済する気持ちがないから)
「借りたものは返さない」に通じるようになる。
3．借換債も決済できなくなり、第2の借換えを必要とする時がくる。
こんなことを繰り返していたら収拾がつかなくなってしまう。これは火を見るより明らかである。

ここで筆者は改めて強調したい。
　虚心坦懐に原点に立ち返り反省せよ。自分達が作った借金は自分達で返すよう努力せよ。真面目な気持ちに立ち返れと。

2．歴代内閣の責任

この表から、次のことが読み取れる。
・1965年（昭和40年）佐藤内閣
　それまで均衡を保っていた健全財政から一転して赤字財政への先鞭をつけた。わずか2000億ながらこの責任は大きい。以後6年間にわたって建設国債の発行を定例化してしまった。
・1973年（昭和48年）田中内閣
　建設国債の借換発行の先鞭をつける。土建政治といわれた性格が悪弊を残した。

・1975年（昭和50年）三木内閣
　赤字国債発行再開の責任大。
・1985年（昭和60年）中曽根内閣
　赤字国債まで借換えする癖がついた。大量発行本格化。病膏肓(やまいこうこう)に入った感じである。
・1992年（平成4年）宮沢内閣
・1994年（平成6年）細川内閣
・1996年（平成8年）村山内閣
・1997年（平成9年）橋本内閣
・1998年（平成10年）橋本内閣
　いずれも不況克服を合言葉に、競って国債を乱発した。
・1999〜2000年（平成11〜12年）小渕内閣
・2001年（平成13年）森内閣
　いずれも当然のことのように高額発行したが、なんら効果はなかった。
・その後、小泉内閣にバトンをタッチ。
　小泉さんの財政構造改革は、ひとまず赤字国債を30兆円に抑えるというものであったが、初年度はなんとか守れた。しかし2年度以降は約束を守ることができなかった。

　　初年度（2001年）　30兆円
　　2　〃　（2002年）　35　〃
　　3　〃　（2003年）　36　〃
　　4　〃　（2004年）　40超〃（予想）

Ⅳ この借金を返せるか

1．小泉内閣の処理状況

　小泉内閣ではすぐ返済には至らないが、1998年（平成10年）以降国債発行が3期連続30兆円以上オーバーしたので新規発行を30兆円以内に抑えることで財政拡大に歯止めをかけようとしたのである。そんな悠長なことでは収まらないところまできているというのに。

　しかも、それすら1年目（2001年）はなんとか実行できたが、2年目（2002年）、3年目（2003年）は失敗に終わってしまった。

　実際には、なんと借換債という初耳の新しい借金を含めて、次の通り発行している。（カッコ内は2003年）

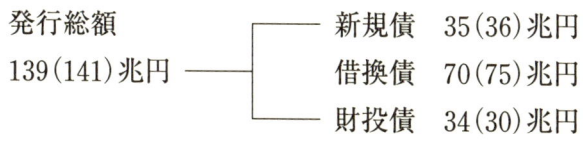

＊借換債、財投債については38・39頁を参照

2．現在では返済不可能

　現在では到底返済できない。返すどころか毎年国債発

行額が増えつづけているので、いつになったら返せるようになるのか、そのメドもたたない。

　現在ですら仮に歳入の1割ずつを返済に充てたとしても250年かかる。

　　　1,000兆　÷　4兆　＝　250年

とても現実の問題とは思えない。なお、これとても現在の赤字体質を切り替えない限り、ズルズルと泥沼に吸い込まれるばかりで溜息も出なくなる。

V 外国からの評価

　日本の財政逼迫の状況は海外に知れわたるに至ったが、外国はどのように見ているのであろうか。

1．米国ムーディーズ社の日本国債格付け

　世界で最も権威のある格付け会社米国ムーディーズ・インベスターズ・サービスによる日本国債の国際格付けは次の通りである。
　このムーディーズ社の格付けによれば、日本の国債は1998年までは米・英・独などと同じくトリプルＡの最高ランクだったのが、1998年11月に１ランク下げられ、続いて次々と2002年５月６位のランクまで急降下させられ

国債の格付け

1	ＡＡＡ	米・英・独・仏・加	日本 ↓
2	Ａａ１	ベルギー	○1998／11
3	Ａａ２	伊・ポルトガル	○2000／9
4	Ａａ３	台湾・香港	○2001／11
5	Ａ１	チリ・ハンガリー・チェコ・ボツワナ	↓
6	Ａ２	ギリシャ・イスラエル・南ア	○2002／5
7	Ａ３	韓国・マレーシア・スロバキア	

（米国・ムーディーズ社）

ている。これによれば、なんとボツワナより悪い。

＊ボツワナ
南アフリカ大陸の南部に位置する国で、人口185万人の36％がエイズに罹っており、平均寿命が39歳という気の毒な状況にあるとされている。ただし、国の借金がほとんどなく、ダイヤモンド産出高は世界一ということで日本より格付けが高い。

2．ムーディーズ社の言い分

この評価についてムーディーズ社の言い分は、
○日本の国債は円建てが主だからデフォルト発生の危険は少ない。
○巨額な債務と弱い経済成長が格下げのポイントになっている。
○また国債の債務総額がいくらあるかよくわからない。
としている。

3．この格付けに対する国内の反響

この格付けに対し国内に騒然とした反響が巻き起こり、特に直接の担当者である経済産業省や財務省からは喧々囂々たるものが捲き起こった。

平沼赳夫前経済産業相は講演で「ボツワナ国民の半分くらいはエイズ。そんな国より格付けが低いとは怪しからん」と発言してクレームがつく騒ぎ。

財務省でも前塩川大臣ほかが数次にわたって不当評価だと抗議し、場合によっては訴訟を起こし、損害賠償を請求する構えを見せていた。

4．この格付けからの教訓

この格付けからは次のような教訓が得られる。
○ムーディーズ社は焦点を突いている。まさしく言い当てている。本来ならばそろそろ次の格下げ通知が出される頃であろうが、賢明な同社はこれ以上関与することはしないであろう。つまらない紛争を避けるために。
○平沼・塩川大臣らはいたずらに感情に走るだけでは能がない。冷静に現実を正視して反省する気持ちを持つべきだ。
○国内挙げて猛然とした改革の声が無いのはなぜか。現状認識が足りないのか、諦めたのか、この格付けの警告に対して猛然とした改革の声無きに筆者は失望愕然。88歳の老躯、母国の破産を見るに忍びず。心ある若き諸兄の決起を切に願うものである。

第 2 章

日本の財政は実質破綻だ

I 国債発行の実際

1．2003年度国債発行の実際

わが国の国債はいったん発行されると、満期の期日に償却（現金化）されるものとばかり思っていたが、必ずしもそうとばかりは限らないようだ。

2003年度（平成15年）の国債発行額は前述の通り141兆円だった。

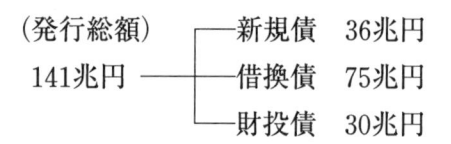

```
（発行総額）　　┌─新規債　36兆円
141兆円　──┼─借換債　75兆円
            └─財投債　30兆円
```

なんと発行額は30兆円とばかり思っていたが、実際はそれをはるかに上回る141兆円であり、借換債とか財投債とかで、いったいこれはどうなっているのかと疑いたくなる。

※借換債

前にも述べたが、国債はいったん発行されたら満期日には決済されるのが建前である。しかし大量の国債が発行されるようになってからは、一時に決済するには

多額の予算を要することから、一部を決済し残りは借換債を発行することになっている。

例えば10年国債600億円を発行すると、期日の10年ごとに6分の1の100億円ずつを決済し残りを借換債で繋ぎ、累計60年後に完済することになる。

この借換債については次の2点に注目する必要がある。
1. 国債は元来借換えを前提にすべきでないから、厳密には新規発行と同じと考えねばならない。
2. いったん借換えの癖がつけば際限なく拡大する。24頁の表はそのだらしなさを如実に物語っている。

※財投債

郵便貯金や年金積立金、簡易生保積立金などの公的資金を財源として、国の政策実現のために使われる財政投融資計画というのがある。

2001年（平成13年）度より制度が改正され、政府「財投債」を発行するとこれら郵貯や年金積立金などの団体が引き受け、公庫・公団・事業団体などに直接貸し付けて自主運用できるようになった。

2．これでは手形のジャンプと同じだ

一時に決済できないからと言って借換債を発行することは、体のいい手形のジャンプと同じではないか。

厳密に言えば、支払不能（デフォルト）である。経済大国を自認しＯＤＡ（発展途上国援助）の資金をまき散らす一等国の日本が、こんなお粗末な仕組みで、危うい綱渡りをしていようとは想像だにしていなかった。肌寒さを感じる思いがする。

Ⅱ　国の財政は実質破綻だ

1．30兆円枠はピントはずれ

　国債発行の実体でわかったように、小泉さんが頑なにこだわった30兆円の枠は大した問題ではなく、ピントはずれで、もっと大枠を検討するべきであった。命を張り、さらに根本に立ち至って債務累積の暴走をいかに食い止めるか、国家百年の大計に思いをいたすべきであった。
　しかし小泉さん一人に今までの重圧是正を背負わせるのは酷かとも思うが、誰かが命を張ってやらねばならない。

2．会計制度再検討の必要あり

　驚いたことに借換法などという不健全？　な会計制度が罷り通っていることである。いやしくも一流大国の国家会計法とは思えない。筆者は瞬間的に痛感した。もっと健康な仕組みに改正すべきと考える。
　また厳密に言えば、借換えというのは考えそのものは、生保の予定利率引き下げと同じで、約束違反ではないだろうか。

3．今までの暴走を許した原因を反省せよ

①為政者よ、まだ気づかないのか

　膨大な借金の累積経過はすでに説明した通りで、一朝一夕に生じたものではないが、その間為政者達はどうして気づかなかったのであろうか。いや気づいていたであろう。ではなぜ手を打たなかったのか。手を打ったがピントはずれで功を奏しなかったというのが正解であろう。

　現在に至っても未だ気がつかない。ムーディーズ社から厳しい忠告を受けても、誰一人声をあげる者もいない。明日にも国債が暴落し、紙屑同然になるかもしれないというのに。

　後で述べるが、無関心の国会議員はこんなに大勢は要らない。半分以下に定数削減して少数精鋭主義に徹すべきである。

②国会は一院制にせよ

　今までの暴走を防ぎ得なかった原因のひとつは参議院の不稼働である。制度的に見て、衆議院であらぬ方向に偏り出したら大局的にこれを是正すべきが参議院の本来の任務のはずだ。

　この崇高な自覚を持った者はいないのか。議長にして私利私欲に走り、金銭上のトラブルを起こすような議員ばかりではもう参議院の存在価値はない。破産した国に

は無用の組織だからこれを廃止する。

③国会のマンネリ化は異常だ

　もともと国債発行は例外で特例のはずなのに、毎年定例化して繰り返されている。これを異常と思わない神経を疑う。毎回特例法の手続きをするにも形式通りの繰り返しとなり、これにはまた償還計画表の添付を要することになっているが真剣に審議されているか、なおその計画表通り実行されているか誰がチェックしているのか。きちんと計画通り償却されていれば、こんなに大量の借換えを毎年しなくても済むのではなかろうか。会計検査院の検査は行われたか。

　とにかく、範を示すべき国会がこの体たらくではどうしようもない。もうちょっとしっかりせよと言いたい。

＊会計検査院の検査報告を見ても、末梢の細部報告のみで、高所からの大局的な判断が示されていない。再考の要あるものと認める。

④自助努力せよ

　以上のようにマンネリ化した国会運営は一掃すべきである。これ以上国債を増発したらパンクする危険状態にある。そのことを認識したら、もう少し真剣になれるはずだ。そうしたら毎回同じことを繰り返さずに済むよう

になる。そのような自助努力が生まれることを期待する。今の状況では全く情けない。

⑤計数感覚にあまりにも疎い

今までの経過を振り返ってみる時、何回か危険状態を迎えた。それでもそれほど危機とは感じなかった。

今回もムーディーズ社の異常な格下げ警告にも反省せず、危機触発状態にありながら、なおかつ50兆円もの大量増発をせよという。次の数値をよくご覧いただきたい。

2003年の収支

　　　　歳入　－　歳出　＝　0
　　　　 42　　　 82　　 △40

これでわかることは、

A．景気をよくすることは必要だが、これ以上国債を発行することは危ない。
B．それよりも赤字を消すには歳出を半減するしかない——このことになぜ気がつかないのか。

歳入を増やすと同時に、歳出に大鉈(おおなた)を振るわねば立ち直れないことに、なぜ気がつかないのか。また歳出を前年比何％削減くらいのことではお話にならない。

毎年予算編成の時期になると、このことが気になるが、この根本改革の意気込みが見られないので、また1年延

びたかと暗澹たる気持ちに襲われる。それまでこの国はもつかと。

⑥チェック制度と責任の所在

　長年の偏向の結果とは言え、歴代内閣の怠慢や失策の結果、以上の通り国を破滅に導きかねない有様になっている。

　この経過を振り返るとき、国の予算編成および予算執行という重要案件に関し、チェック制度がないのはおかしい。チェック制度があれば軌道を外れようとしたとき、当然チェック機能が働き警告が発せられ是正される。

　今日、この危機的状態が看過されてきたことについては異常と指摘したが、これについてはどこかに盲点が存在するはずである。とにかく、速やかに調査会でも発足させて、正常に戻すよう努めなければならない。

　次に責任の所在が不明確である。こんな状態で危機を感じない担当大臣は落第だ。何回も借換債を発行するような大臣も"クビだ"くらいの厳しさがあってもよいと思う。国政をあずかる為政者は、もっと真剣さと自信をもって行ってもらいたい。

　40年間も赤字財政の連続とは、どう考えてもおかしい。

どこか狂っているとしか考えられない。こんな野放図な状態のまま先送りされてよいのだろうか。どう考えても納得できず悶々たる日々である。筆者は老骨にしてなお憤りを覚えるのであるが、若き諸賢はいかに思われるであろうか。これが本書を提起する所以である。

⑦予算に対する理解と関心がない

　24・25頁の国債発行表を見る限り、国政の基本である予算の計画と実行に関し、あまりにも理解と関心がないことを示している。それは「国家予算とは分捕るためにある」を旨とし、自分の出身地や派閥のため分捕ることを至上と考え、その結果不足しようと我関せず、足りなければ借金すればよいという無関心で、安易な考えの結果を如実に表している。自分のこと派閥のことしか考えない烏合の衆としか考えられない。これでは国民のための政治（予算）ではない。それも国会議員の数が多いほどひどくなる。これも議員の定数削減の根拠となる。

第3章
国が破産したらどうなるか

I 国の破産

1．国が破産することがあるのか

　個人破産の場合であればピンとくるが、いったい国が破産することがあるのだろうかという気がする。国でも地方自治体でも民間の会社と同じく、資金繰りがつかなくなったら破産する。

　どうも未経験のことなので想像しにくいが、国もこのまま借金を重ねていったら、資金繰りがつかなくなって個人や会社が不渡りを起こすのと同じく、支払い不能に陥る時期が必ずやってくる。

　にもかかわらず政府の面々は鷹揚に構えているようだ。どうするつもりか知らないが、後悔しても始まらない。取り返しのつかない過ちを犯すことになる。

　伝統ある国の歴史に未曾有の汚点を残すことになる。嗚呼、生きてこのような恥ずかしめを味わおうとは……。

＊「国の資金繰りがつかなくなる」についての具体的説明。

　16頁の「歳入歳出の概要」で説明したように、国では年間（2003年度）42兆円の税金収入が入ってくる。その収入の中から公務員の給料や我々の年金など82兆円を払

ってくれている。支出の金額が多いので収入の不足分40兆円は国債という借用書を発行（借金）して間に合せている。その借金も40年間も引き続き、しかも前にした借金が期日がきても返済できずに、再度借り直している。その借り直しもなんと30年も続いており、仏の顔も三度どころではない。

こんな無茶苦茶な有様だから国債を発行しても応募者がいなくなる懸念が出てきたのである。つまり借金したくてもその途が閉ざされてしまうことになる。従って給料・年金を含めて82兆円の支払いができなくなる。給料・年金が貰えなくなったらおしまいだ。

しかし歳出予算を組み直して（筆者の主張する根本改革）、収入の42兆円の範囲内で賄えるようにすれば（歳出82兆円→42兆円）、破産の心配はなくなる。これでおわかりのように、現在では歳出が大きいために借入れができないと（資金源がない）、資金繰りがつかなくなるわけである。

Ⅱ　破産のキッカケ

　では最も恐ろしい破産のキッカケはどういうことだろうか。私に想像されることは次の2つである。

1．国債が売れなくなったとき

　現在では超低金利時代で適当な投資先が見つからないため、有り難いことに国債が買われているが、これがいつまで続くかわからない。

　2003年も2月に売り出された個人向け国債にしても0.775という低金利にもかかわらず、向こう10年間にこれよりも有利なものはあるまいということと、国が発行するから間違いなかろうという安心感から買われている。

　さらに不思議なのは、銀行はじめ生保損保等の金融機関が多数の国債を保有していることである。こんな低金利資産を抱えていたら逆ザヤなのは明らかだし、もし暴落したら自己資本比率などふっ飛んでしまう。現在その危険水域に突入しているのだから必死だ。

※自己資本比率
　銀行は庶民から預かった金（他人資本）と自分の資本金（自己資本）を貸し付けて営業する。数字で説明す

ると、

```
他人資本  90億 ┐ 貸し付けて ┐ 残る資金
自己資本  10億 ┘ 5億回収不能 ┘ 95億円
総資本   100億
```

(スタート時) 自己資本比率 = $\dfrac{自己資本}{総資本}$

$= \dfrac{10}{100} = 10\%$

(翌年度)
自己資本比率 = $\dfrac{5}{95} = 5.2\%$

＊この場合の自己資本は、
　総資本95 − 他人資本90 = 5

　この例のように、貸し倒れ（不良債権）が生じたら自己資本で穴埋めしなければならない。この比率が高いほど経営の健全性が高いとされる。わが国では1996年（平成8年）より導入され最低基準は4％とされた。
　一方、国際決済銀行（BIS）では、2006年導入を念頭に8％に規制されることになっている。

　国債が売れなくなることは何を意味するかと言えば、次の通りである。

①資金が調達できなくなる。

②このことは日本政府の信用が落ちたことを意味する。

　つまり、国の内（国民から）外（国際的に）から信用されなくなることである。

　世界の一等国を自負していた日本がこのような悲しい目にあうとは……。

2．金利が上がったとき

　もうひとつこわいのは金利である。公定歩合の上下が国債の利息支払いに影響する。今までは幸いにして低金利に恵まれ、特に平成7年以降利率1％以下さらに平成13年に0.5から0.1へと下げ、現在に至っている。

　このような超低金利の現在はよいが、今後はいつ上昇に転じるかわからない。政府は毎年国債の償却と利息に充てるため、16兆〜17兆円の公債費を計上しているが、この場合利率の上限は1.6〜1.7％と思われる。

　　1.6％　×　1,000兆円　＝　16兆円

これ以上に上がったら利息も払えなくなる。

　金利が上がらないという保証はどこにもない。むしろ、上がる方が確実だろう。また借金は膨らむ一方だとすれば、パンクするのは時間の問題ではあるまいか。

Ⅲ 国が破産したらどうなるか

　一口に破産と言っても、個人や会社の場合と国の場合は状況が違ってくる。

１．個人や会社の場合

　個人や会社の場合は、借金が資産より多くて支払い不能に陥れば、関係人の申し立てによって裁判所より破産宣告がなされる。破産宣告されると破産管財人の手によって、破産者の財産（現金・預金・不動産）を調べ換金して全債権者に支払いをする。全額の支払いはできないので債権金額に応じて比例配当ということになる。

　いったん破産すれば個人の場合は、10年経過すれば復権できるから若ければ再起を図ることができる。その場合でも復権するまでは無一文となり、公職にはつけないし、資格（弁護士、公認会計士、医師等）は剥奪されるなどで、就職容易ならず再起困難な場合が多い。

　会社の場合は（特に中小企業の場合）社長は連帯保証させられているから全私有財産を失い、年齢的に中高年の場合が多いので、ほとんど再起不能と思われる。

※民事再生法、会社更生法

ところで、最近有り難い世の中になったものだと思うのは、破産しそうになったら、この法律に駆け込んで助けてもらうことができる。それは、今は苦しくて支払い困難だが、立ち直る見込みがあるのでそれまで支払いを猶予してほしい、または債務を半分に免除してほしいと申し立てる。裁判所で調査の結果、許可されると破産しなくてすむという有り難い法律ができている。それが民事再生法と会社更生法である。

2．国家破産の場合

　ところで国の破産の場合はどうであろうか。国の場合、債権者は国債所有者だから国民や金融機関である。個人や会社の場合のように民事再生法や会社更生法等に頼るわけにもいかない。自分みずから処理するしか道はない。未だかつて経験したことのないことだから想像の域を出ないが、それにしても嫌なことだ。

①デフォルト宣言
　政府はとりあえず国債の債却が不可能になった旨を宣言するであろう。さあ、そうなれば一般市民は寝耳に水で大変なことになる。
　この「デフォルト宣言」というのは、会社の「リストラ宣言」と同じだから動揺するなと言っても無理な話で、

それも予告なしの抜き打ちだから、そのショックはとても想像できるものではない。

○銀行の取り付け騒ぎが起きる。
　政府は冷静に対処するよう呼びかけると思うが、熱狂した群集は一斉に銀行に引き出しに殺到するだろう。全国一斉に取り付けにあったら到底応じ切れるものではないから、やむなく全銀行一斉に支払い中止を宣言するだろう。民衆の怒りは収まらず暴動と化するかもしれない。

○政府は沈静説得に努め、預金引き出し限度など応急策をとるであろう。
　とにかく政府の支払いが停止するので不意をつかれた市民の混乱は避けられない。

○政府の対応策は無策で大混乱に陥る。
　このような大事が惹起する可能性があるにもかかわらず、政府は関心が薄いところをみると、特別の対応策を持っているとは考えられず、後手後手に終わって結局無策で大混乱に陥る結果となるであろう。
　つまり税収の範囲内で急を要するものから、やりくり算段して支払うしかない立場に追い込まれる。収入が半減したことになるから大混乱は避けられないであろう。
　あらかじめ予定された通りならばよいが、突然抜き打

ちに発生したのだから、まさに大混乱で収拾がつかなくなるであろう。

②デフォルト宣言による内外の反応
　デフォルト宣言によって次のように内外にショックを与えるであろう。
○国　内
　国債が暴落し紙屑同然となる。多額の国債を有する銀行（80兆円）、生保損保（70兆円）の損害は致命的で自己資本比率は吹っ飛んでしまい、倒産するかもしれない。また、国債購入資金に充当された郵貯、年金積立金、簡保積立金等は貯金引き出しや年金支払いに支障を来すこととなり大混乱に陥るだろう。

　なお、これら金額的な損害以上に大きいのが、国の信用失墜である。今まで誇りに思っていた日本の国が信用されなくなるという悲しい現実、銀行預金や郵貯は国が保証しているから安心だとばかり思っていたのにこの惨めな有様、国が頼りにできなければもうおしまいだ。こんな情けないことになろうとは。

○国　外
　デフォルト宣言と同時に全世界から見放されることになるだろう。昨日まで経済大国、一等国と自他共に信じ、多額のＯＤＡ資金をまき散らしてきたのに、何と情けな

い今日の有様よ。日本人として恥ずかしく思わないか。これほどまでに没落しようとは。生きて、このような憂き目に遭うより頓死するにしかず。これが果たして現実なのかと疑う。悶々。

いったん対外信用を失墜すれば、おそらく信用を回復しても元に復することは不可能であろう。

今日まで先人達の努力により営々として築いてきた日本の国際信用はこのようにして脆くも地に堕ちるだろう。各国別に見てもこの信用失墜は残念無念でならない。

対米……世界中から同盟国として羨ましがられ、彼我共に協力を誓い合ってきた間柄なのに、日本がこのような有様に陥れば米国の期待に添えなかったことになるだろう。米国は今まで日本の協力に感謝し、今後ともイラク復興などに期待されていたと思うが、これでは米国は経済的負担を負ってまで、日本を援助しようとは思わないであろう。思えば、今まで本当に楽しい二国間協調であった。

対北朝鮮……今まで日米同盟による抑止力のおかげでおとなしくしていた北朝鮮は、時こそ来れと牙をむき日朝外交関係は一変することは明白である。日米の援助がなくなればかくも豹変するかということは初めから予想されていたことで、悔やんでももう遅い。無法国家の意の

ままにならざるを得ないであろう。

対韓国 ┐
　　　　┝ …… 対北朝鮮ほどではないにしても、主導権が
対中国 ┘　　　形勢逆転し絶えず内政干渉で頭が上がらな
　　　　　　　くなるであろう。

③我々の市民生活は
　このような事態は未経験なので、全く想像の域を出ないが、次のようなものになるだろうか。
・年金、給料は遅配気味になり
・企業の倒産、リストラ等により失業者増加
・為替相場の続落により物価高騰
・消費はさらに落ち込み景気悪化
・治安は悪化し犯罪が増加する
　想像するだに頭がおかしくなる。

④かくては日本の国は滅亡だ
　ここまで来たら、もう読者諸兄はおわかりでしょう。これでは日本という国は滅亡したも同然だ。他より滅亡させられたのではなくて、自滅である。国家の態はなしているが、かげろうと同じだ。開国以来連綿と続いた伝統ある国として誇りに思っていた日本。明治、大正、昭和と伸び進んだが、勇み足で先の大戦に敗れた。
　一億総懺悔で祖国再建に向け努力を重ね、自他共に経

済大国と称されるに立ち至った。ＧＤＰ（国内総生産）で世界第２位、ＯＤＡ（政府開発援助）で毎年１兆円前後の金を発展途上国のためにバラまき、国連加盟国の中では米国に次いで20％という世界第２位の分担金拠出に応じている。また対イラクの戦後復興については米国に追随して世界の注目を浴びながら、自衛隊派遣という快挙を成し遂げんとしている。

これらから見ると、日本は輝かしい躍進ぶりを示し、逞しい発展を遂げたことになるが、それらはすべて偽りの虚像で、内部に思いがけない巨大な欠陥（病巣）を抱えていたことが判明した。なんと輝かしい復興とは裏腹に自滅の憂き目を甘受せんとは!!

ああ、残念無念、何をもって瞑すべきか。

※ＧＤＰ（Gross Domestic Product）
年間どれだけ稼げるかという国際比較用語で、各国の所得水準ないし暮らし向きがわかる。日本のＧＤＰは約500兆円で米国に次いで世界第２位。
ＯＤＡ（Official Development Assistance）
政府の発展途上国への資金援助のこと。（93頁参照）

第 4 章
この国を破綻させてなるものか

I　なんとしても破産を回避せよ

　今までの日本の歴史を繙(ひもと)いてみるに、このような無様(ぶざま)な史実を聞いたことがない。我々の父祖は日本人としてどのような困難にも危機にも敢然と立ち向かい、これを乗り切って来ている。

　それゆえ平成の世における我々が、このような恥さらしの失態を演じたとあっては、どの顔下げて父老に謝すべき。戦時、平和を問わず我々の体内には脈々たる純血が流れているはずだ。一億総決起すれば鉄石をも貫く力を備えている。我々に不可能なことはない。

　なんとしても破産を回避せよ。

Ⅱ 強力なリーダーの出現

このような未曾有の困難に瀕しているとき、最も望まれるのは強力なリーダーの出現である。
「家貧にして孝子現れ、国危うし忠臣現る」と、まさに忠臣の出現を切望する。

1．リーダーの素質

 従来のやり方、慣行を根本的に見直す大改革は未だかつて経験したことのない試練だから、想像に絶する難問課題が累積するものと思われる。これを打破していくためにはとても通常のセンスの持ち主ではつとまらない。戦後数十年にわたる偏向を是正するのだから、非常の手段が必要で、時には狂人的、非人間的と思われる不撓不屈の機関車でなければならない。前例にこだわった抵抗勢力が必ず立ち向かってくるだろうが、説得を続け断固前進せよ。
 小泉総理よ、あなたは今まで歴代総理がなし得なかった難問題のひとつ北朝鮮首脳会議に、敢然と取り組んだ勇将です。自分の信念のためには、外部の批判も時には無視する変人性もおありのようです。大いに結構だと思います。信念に従って猪突猛進してください。

2．危機の現実を認識せよ

リーダーは現在の日本が直面している危機の中から緩急軽重を選択しなければならない。

○**景気対策**……長年の懸案とされてきた問題だが、そのためこれ以上の国債発行は禁物。国債発行しないで景気対策を考えなくてはならない。この大改革こそが景気対策そのものであることを肝に銘ずべきである。なぜならば、大改革でムダを省くことは→国民の負担を軽くすること→大減税だから→消費増加となる。また本改革で消費税を廃止することは→心理的な好感と大減税により→消費増加、企業意欲増加を招来する。以上、景気回復は間違いなしと確信する。

最悪の不況時で予算を組んでいるから、好況になり次第、収入増加分は累積借金返済や年金財源補填等に充当できる。この改革の主旨を国民に衆知させることで、国民の消費意欲をさらに増幅させる効果があることを忘れてはならない。

○**失業対策**……これも懸案問題だが、緊急の問題ではない。

○**株価対策**……同上

○**財政事情**……既述の通り、破綻寸前は時間の問題となっており、いったん破綻すれば取り返しのつかない結果

を招く。この大手術こそが景気対策にも結びつく秘策であることに気づくべきである。

Ⅲ　国会の協力態勢

このような超非常時には、国会は超党派態勢が望ましいが、果たしてそのようなことが実現できるかどうか疑わしい。ただし、少なくとも与野党を問わず虚心坦懐に実情を説明して協力を求めれば、日本人である以上賛成を得られるのではとの期待もある。逆に野党から責任追及の具にされて、政争惹起の愚に陥るやも知れず、いずれにしても政府は極力誠意をもって説得に努力すべきである。

もし賛成を得られないときは、最後の手段として解散総選挙もやむを得ないと思う。国民が多大なる信頼をもって必ず支持してくれるものと確信する。国家百年の計を定めるに当たっては、それくらいのことは大したことではない。

1．一億総決起せよ

最後に頼みの綱は世論の力である。これは大きなバックアップとなるはずであるが、残念なことには危機の実情が知らされていない。もし実情がわかれば、大部分の国民はおそらく大手術に協力するであろうと確信する。自分達の暮らしが良くなることだから喜んで協力するは

ずだ。

　従って世論の支持を得るためには改革の主旨を理解してもらうようＰＲすることが必要である。一億総決起すれば、正義の味方として強力な力を発揮することは間違いない。

２．三位一体の実を挙げよ

　以上、強力なリーダーに国会と国民の協力があれば、必ずやこの大改革は成功するものと信じる。これは、まさに天地人（天の時、地の利、人の和）の妙法にもふさわしい、すばらしい一大偉業を達成したことになる。後世に長くその英名を遺すであろう。

＊現状不認識のまま推移すれば、第３章で述べた通りデフォルト宣言をせざるを得なくなり、否応なしに収入の範囲内での支出を強いられ、あげくの果ては破産という馬鹿を見るのだから、賢者ならば誰だって進んで改革の道を選ぶはずだ。
現在の危機を救う方法は地道な改革の方法しかないことを銘記すべきである。それなのに国には徴税権があるからといって、増税を強行したり、国民の所有する1,400兆円の金融資金をアテにするなどしたら言語道断である。そうなったら政府はもはや信用されなくな

るであろう。

第 5 章

大改革の断行

Ⅰ 大改革の断行

1．大改革の概要

(1)この改革の目的

　大改革を断行するに当たっては、まずその目的をはっきりさせておかねばならない。それはすでにおわかりの通り、歳出82兆円を2分の1以下に抑え歳入の範囲内とすることにある。

　すべてを白紙に戻して1から出発するから、旧態にこだわる抵抗勢力の説得や法令改正等想像を絶する苦労を克服しなければならないが、断固成功させるべきである。

(2)改革の内容（項目）

　改革するに当たっては、どの項目についてと限定しない。目的が歳出予算の半減だからこの主旨に添うよう選択すればよい。

　しかし予想される検討項目をあげてみると、
○公務員の定員1割減
○公務員給与1割減

　公務員給与は民間給与ベースに比べて割高だから1割減として、お互い苦しみを分け合って窮地を脱する

こととする。
○公共事業費半減を目標とする。
○防衛費1割減を目標とする。
○ODAは廃止する。
○銀行への公的資金導入は今後廃止する。
○地方交付税、補助金の削減
　等々。

(3)以上のほか次の項目は必須項目として実施する。
　この改革を断行するに当たっては、まず「隗より始めよ」で次の国会改革で手本を示すことが必要である。そうでないと他の改革が進まなくなる。

①国会改革
　76頁を参照
　○衆議院
　○参議院
②地方議会の改革
　77頁を参照
③消費税の廃止
　79頁を参照

2．大改革の早期宣言を

いよいよ大改革断行の肚を決めたならば、早期にその断行を宣言すべきである。

この声明を高らかに宣言し得たならば、この改革は半分成功したと考えてもよくはあるまいか。

3．早期宣言の意味

早期宣言する意味は、その瞬間から「おや、日本の財政はこれから良くなるな」という印象を内外に与えることになるからである。このことは、

○国内ではこれで年間１人当たり50万円の負担減になるから、明るい日が差し込んだみたいで景気が好転する。

＊１人50万円負担減の根拠

①経費圧縮減（歳入42－歳出82＝△40）

$$40兆 \div 1億人 \fallingdotseq 40万円$$

②消費税廃止による負担減

$$10兆 \div 1億人 \fallingdotseq 10万円$$

合計　50万円

これが基となり、

○株式に好反応し、

○経済界に好感を与え、

○一般消費意識を起こさせるなどで、
　　大変景気浮揚策となる。

　改革を宣言しただけでこれだけの効果が予想されるので、半分成功と考えてもよいだろう。とにかくすべてが明るくなる。

　国外では、日本に対する評価が逆転する。ムーディーズ社の格付けも勿論上がることはすべての面で歓迎すべきことで、悪いことではない。

Ⅱ　大改革の目的と効果

　では、この大改革をやる目的は何か。言うまでもなく日本を破滅から救うことである。絶体絶命の窮地だから、何が何でもやらねばならぬ。長年の偏向によって瀕死となった病状を蘇生させることである。この病気の唯一の治療法はこの大改革しかない。この改革により、長年の赤字体質による病気が快癒し生活が楽になる。

　では、この改革の効果となれば、
○破滅からの脱出
　誰の目にも明らかなように、反省せずに突き進んでいれば、自滅の道しかないものを、危うく破滅から脱出できることである。
　具体的には、
○体質改善できた
　無駄な支出を省いたことで（毎年40兆の赤字をなくした）

　　　40兆÷1億円＝約40万円
　1人当たり年間40万円の負担減となり、
　消費税の廃止により（これは減税だから）、

　　　10兆÷1億人＝約10万円
　1人当たり10万円生活が楽になる。
　つまり合計して年間一人当たり50万円の好転効果とな

り、大変な景気対策となることがわかる。
○借金返済のメドがついた
　不況時の最低の条件で予算を組んでいるから、これから赤字となることはない。従って黒字となった分は借金の返済や年金や医療費補充等に充てることができる。
　つまり、今後に当たって確実に、借金返済のメドがついたことになる。

Ⅲ 大改革の実行

1．まず隗より始めよ

この大改革の成否の鍵は次の国会改革に繋がっていると言ってもよい。

○国会の改革

まず真っ先に国会で改革の見本を示し、改革に対する姿勢を示せば、地方公供団体その他がこれに右へ倣えをするようになる。国会改革が難航するようでは、そのあとの諸改革が思いやられる。自分はやらないで、人にだけやれとすすめるだけでは期待できない。自分がやってみせてこそ、強力にリードすることができる。

国会の定数削減は日米比較および破産財政の現実から考えて、歳出半減の方針から絶対に2分の1以下を厳守すべきである。ここでもたつけば地方議会の改革も中途半端なものに終わるであろう。強力にリードするためには、なんとしても隗よりの実行が必要である。

参議院はすでに述べた通り、これを廃止する。

＊日米比較（国会議員定数）

　日本　衆議院　480　　参議院　247　　合計　727

米国　下院　　435　　　上院　　100　　合計　535

　米国は人口で日本の2倍、国土は24倍を有するが、国会定員は日本より少ない。

○地方議会の改革

　毎回、地方議会の選挙のたびに思うことであるが、新聞全面に当選者の顔写真が掲載される。よくもこんなに沢山の人数がいるものか、そしてこれらの人々は皆高給をもって我々が養っているのかと思うと正直言って暗澹たる気持ちになる。

　筆者の住む藤沢市では人口39万に対して市会議員がなんと40名もいる。横浜市では人口350万人で94名、同じくらいの人口を擁する米国のロサンゼルス市ではなんと僅か17名で処理されていると聞く。破産した台所では当然考慮されるべきである。

　一方、地方議会の議員は数が多いので、改革の実効は期待できる。

◎呆れかえる地方議会の定員認識など

　現在、国の方針として市町村合併がすすめられている。2005年3月までに合併すれば国から有利な財政支援があるためであるが、その実情をみると全くあきれかえるものがある。

・山梨県南アルプス市（人口71,500人）

2003年4月、櫛形市、白根町、若草町、甲西町、八田村、芦安村の6市町村が合併して南アルプス市が誕生した。

　人口僅か7万人余の小さな市にもかかわらず、旧市町村の議員が新しい市の議員となる特例を採用したため95名の議員が誕生した。なんと人口は横浜市の50分の1だが議員数は横浜市（94名）を上回る。いやはやなんともあきれて物も言えない有様だ。全く無茶苦茶でそのセンスを疑う。読者諸兄如何？

ついでにもう少しウップンを晴らさせていただければ、

　　議員報酬……旧6市町村議会の最高額に合わせる。
　　職員の定員……旧市町村の定員そのまま
　　職員給与……旧市町村給の最高額に合わせる。

　これを見るかぎり、南アルプス市の場合は住民軽視、公務員重視極端の最たるものと言わざるを得ないのだが、一般の認識も大同小異ではあるまいか。

・長野県千曲市（人口65,000人）

　長野県更埴市は周辺2町と合併し、2003年9月1日千曲市が誕生した。合併後の人口65,000人。これに対し次の通り決定された。

　　議員定数……54名（新定数28名）旧議員が2005年4
　　　　　　　月末まで居座ることになる。

　定員増加（それもあと僅か1年数ヵ月の間だけ）のため、議場改修のため1,360万円もかけたという。

議員報酬……最高額に合わせる。
　これに対し住民の反対があったそうだが一蹴されてしまったという。
　これも南アルプス市の場合と同様、住民軽視で非常識の最たるものと言うべき適例である。
　合併を推進する目的は行財政の効率化にあるにもかかわらず、かえって逆行し、悪化させる結果となる。地方財政改革も容易ならざることを痛感する次第である。

＊地方議会の場合は、現在の民生委員式の考え方ではいかがなものであろうか。地方政治の場合は地域住民に密着したサービスだから、民生委員と同じくボランティア精神の方が妥当ではあるまいか。しかし実際には交通、通信費など実費を伴うことから薄謝をもってするくらいでもよくはあるまいか。

２．消費税の廃止

　消費税については、そのスタートの経緯を顧みるとき、売上税創設の失敗に鑑み、ほとんど騙すような手口で開始に漕ぎつけた事情がある。
　次の諸点を考慮するとき、これは廃止すべきと考える。

○消費税は補足しやすい。それだけに嫌われ者の最たる

ものである。悪税である。
○消費税は物価を吊り上げ、消費を抑制する。
○消費税は消費のつど税金を徴収されるから「とられる」「またか」等、マイナスのイメージ回数が限りなく多い。これでは消費抑制になっても景気効果には繋がらない。
○消費税は精神的にマイナスのイメージを残す。景気浮上にブレーキとなる。
○消費税を廃止すれば、消費税収入そのものは減るが、他方、精神的な開放感から消費が活発化される結果、収入が増えて所得税、法人税が増収となる。従って一般民衆の嫌う悪税で取り立てるより、喜ばせて自然増収を計る善政を選ぶべきと考える。
○消費税率アップの可能性。

　　最近、消費税率アップが取り沙汰されている。当初３％だったものが５％に上げられ今日に及んでいるが、不況による税収不足から、また年金改革も絡んで税率アップが話題となり出した。さらに経団連の奥田会長は小泉首相に2004年から毎年１％ずつアップして16％で据置く旨提言したといわれる。これに対し、小泉首相は自分の在任中はアップしないが、次期首相の検討事項だと述べたそうだ。しかしその後はアップ確実の見込みだ。
○消費税を目的税化の構想も浮上。

消費税に対する国民のアレルギーを緩和させる方法として、年金や福祉の増大に備えて安定した財源とするため、消費税を福祉目的税として利用したらという目的税構想が浮上している。

　これは消費税を手放したくない一心からのこじつけで、消費税を特定の支出に限定することは予算編成を制約することになり、よくない。

○税率アップは国民生活を破滅させる。（消費税は悪税だ）

　現在でも不評なのに、今後税率がアップされると、年金の行方との関係で明らかに悪税であることがわかる。(83頁参照)

3．将来像を示せ

①民意を察知せよ

　今回の不況に陥って以来、歴代内閣は等しく不況対策として公共事業に国債発行の慣行を繰り返してきたが、一向に効き目がなかったのはご承知の通りである。

　この件について筆者はつくづく思うことがある。それは為政者たる者は、民意を察することが肝要なのに、この点に配慮したと思われる為政者は見当たらない。景気浮揚に最も効果的とされている消費拡大が一向に伸びないのはなぜか、その原因を考えるときに、一般の人々が

どうして消費を控えているかに気がつかないのかと思う。

　誰でも将来に対する不安――年金、リストラ・金融不安など――があるから消費を控えているのである。歴代総理で誰一人としてこの点に着目して、将来のビジョンを示した人がいない。現在は苦しくても、将来はかくかくでこうなりますからもう少しの辛抱をと訴えれば、国民も納得してそれなりの消費を考えると思う。将来が不安だから消費を控えている民意を察知すべきである。このことが本改革に大きく影響することを忘れてはならない。
　つまり、消費を拡大するには将来に対するビジョンを示すことが不可欠の条件である。仁徳天皇の「民のかまどの煙」による故事を学ぶべきである。

　②年金の不安について
　我々の年金が将来どうなるかという大きな不安が根強く残っている。この不安が解消しない限り思い切った消費ができない（不況の連続）というのが真相ではなかろうか。
　では現在、政府が計画中の年金改正の模様を探ってみる。
　現在、急速に進行中の少子化、高齢化のため、人口予測に基づいて年金制度を5年ごとに見直すことになっている。

第5章　大改革の断行

　前回の見直しは平成11年（1999）で年金受け取り額の2割減額が決定された。次の見直しは2004年になるが、2025年における手取り受け取り額を収入の5割まで下げざるを得ないだろう（現在は6割）との予想に落ち着きそうである。従って受け取り額20％減は確定的である。

　一方で年金の払い込み保険料は2003年4月より新しく賞与からも徴収される総報酬制になったため、収入は減って保険料は増えるという逆転結果となってしまった。

　さらに税金面では増税で追い打ちをかけられそうである。それは今まで老人は優遇され続けたからという名目で次の増税2件が決定した。

　　1．老齢者控除（50万円）の廃止
　　2．年金所得控除の圧縮
　　　　65歳以上　140万円→120万円

ではここで具体的な金額で検討してみよう。

　現在、厚生年金の標準的モデルは40年加入の夫婦2人で23万6千円である。

　　A　現在　　　　236,000円
　　B　2割減　　　189,000円

現在の金額ですら十分とはいえないのに、2割減は確定しているから、この金額では心配だ。

　ここで奥田経団連会長案の消費税アップ16％が実施されたと仮定しよう。

消費税は5％で10兆円の効果があるから（1％で2兆円）16％では32兆円となり、1人当たり32万円（月当たり2万7千円）の負担となる。

  32兆円÷1億人÷12月＝2.7万円

先の計算から引き続けば、

 A 現在   236,000円
 B 2割減   189,000円
 C 消費税引き 27,000円
   差引   162,000円

この結果でおわかりの通り、年金不安に追い打ちをかけるように消費税は我々を生活不安に陥れる悪税であることがわかる。

年金については以上のような状況の中で、政府は坂口厚生労働大臣の坂口試案を検討中であるが、2004年の通常国会で確定の見込みである。

※坂口試案
 ①現在の厚生年金保険料13.58％を平成29年度まで18.3％に引き上げる。
 ②年金の給付水準を現役時代の59.4％から50.2％に引き下げる。
 ③国民年金に対する国の負担率3分の1を2分の1にする。

第6章
亡国の兆し

1．生命保険予定利率引き下げは亡国の兆しだ

　長らくもたついていた生命保険の予定利率引き下げ問題に終止符が打たれることになった。政府はついにこれを認めたというのである。

　これは、長引く低金利、無利息政策のために、生保会社が顧客から預かった掛金の運用収入が少ないために、顧客に支払うと約束した保険金が払えない（逆ザヤ）ので、約束した率を引き下げてほしいというのである。

　政府は生保会社からの申し出に対して、当初は渋っていたが、ついにこれを認めることになってしまった。なんという前代未聞の大失敗（大失政）であろうか。日本の商道はどうした、モラルの頽廃どころか、その喪失を憂う。世界から笑われるであろう。

　なぜか、これは重大な契約違反であり、いったん約束したことを破ることである。もちろん債務不履行なのだ。人の道に逆らうことである。小学生でもわかることだ。こんなことがわからない為政者は落第だ。国会議員総入れ替えが必要だ。

　当初、生保会社からの申し入れがあっても、政府は一蹴すべきであった。生保会社では突然このような状況に立ち至ったわけではなく、低金利に突入してから十数年間、経営の見通しをたてるでもなく、荏苒と高給の生活を続けてきたのではないか。一社として顧客との契約を

第6章　亡国の兆し

守るために、人件費を削ってでも実行しようとしたところがあるか。経営合理化の努力もせずに、払えないから負けてくれと泣きを入れる愚か者としか言いようがない。日本には古くから武士道と同じく商道があったはずだ。その商人の魂はどうしたと言いたい。

　＊一方、生保を苦しめたのは長年低金利政策をとった政府にも責任がある。この問題は悪政の結果の歪みとも言える。政治を誤ると、このようにあちこち後遺症が残ることになる。

筆者はこの問題を特に重視する。このような悪政が根付き始めたことは、上に述べた通り道徳の頽廃の第一歩である。困難な問題、面倒なことなどに際しては、極力これを先送りにする、避ける、あるいは妥協するなど安易な方法をとってきたのが最近の政治ではないか。とにかくこの件は危険な風潮の表れである。先の国際評価会社ムーディーズ社による評価は、この辺のことを先読みしてのことであるまいか。だから老骨の筆者は再度言う——約束は守れ、借りたものは返せ。

2．自殺者年間3万人！　これで経済大国とは

○お父さん、死なないで

　こんな悲しい家族の願いにも応えられずに自殺する人が、年に3万人以上6年間も続いているという。

　　　1993年　21,851人
　　　1994年　21,679人
　　　1995年　22,445人
　　　1996年　23,104人
　　　1997年　24,391人
　　　1998年　32,863人
　　　1999年　33,048人
　　　2000年　31,957人
　　　2001年　31,042人
　　　2002年　32,143人

＊2003年の合計はまだまとまっていないが、依然3万人以上の推計は確実といわれる。

　筆者はこの年になるまで、こんな悲しい話題を聞いたことがなかった。なお聞くところによると、自殺未遂を入れると10～15倍に達するだろうと言われている。その大部分が中高年層というから、不況並びに政治の貧困が原因であることは間違いない。

　自殺の問題は死にゆく人だけの問題ではない。後に残

された家族は、大黒柱を失ってさらに不幸な人生を味わうことになるから、影響が大きくなる。特にこの問題では、多数の将来性ある未成年者達を犠牲にすることで、なんともいたたまれない。

　現在、自殺防止センターという団体があるそうだが、さらなる増設を提唱したい。

　さらに政府および地方自治体においても、この問題を真剣に受け止め予防および諸対策を講じるべきである。

※自殺防止センター

　1978年（昭和53年）、自殺防止を目指して創設されたボランティア団体。年間3万件以上の電話相談を受けている。必要な場合には面談や手紙による相談にも応じ、自殺遺族の会も開いている。

　　問い合わせ事務局
　　　東京：03-3207-5040
　　　大阪：06-6251-4339
　　なお、実際の相談は
　　　自殺防止センター（電話相談）
　　　東京：03-5286-9090
　　　大阪：06-6251-4343

相談は夜間（深夜）に真摯な相談が多いため、ボランティアの人達はあえて夜の相談にも応じておられるそうで、全く頭が下がる。

3．銀行への公的資金導入をやめよ

　今回のりそな銀行に対する2兆円もの巨額な公的資金導入は失敗であった。今まで数回にわたって銀行に公的資金を投入してきたが、一回も成功したためしがない。今回だって2度目である。

　というのはりそな銀行の前身である大和銀行、あさひ銀行は前に公的資金の注入を受け、いずれも2009年に完済の約束であった。ところがふたを開けてみると完済どころか、2兆円もの援助がないと立ち行かなくなっていたのである。全く貴重な大金をドブに捨てるようなものだと言いたい。今回も返済の可能性は全くない。計画を立てた銀行もずさんだが、これを認めた金融庁も甘っちょろいと言わざるを得ない。今回の大改革宣言を後に今後銀行援助はストップすべきである。

4．拉致事件について

　国家による明白なテロ事件でありながら、拉致被害者を救出して以来１年半にもなるのにモタついて未だ解決しない。なんという不甲斐なさ、苛立たしさを覚えるのは筆者だけではあるまい。日本には軍隊をなくしたが、これほどの腰抜けになり果てたのか情けないやら悲しいやら。

　日本には強力な米国という助け人がいる。米国も協力すると言っているから何を躊躇することがあろう、積極的に交渉するべきだ。話の通じない相手に対しては平和憲法など役には立たない。

　なお、忘れてはならないことは、あらぬことで日本自体が破綻したとき、米国は金まで出して日本を助けてくれるかということである。米国の好意のあるうちに本問題を解決しないと永久に悔いを残すことになる。米国が手を引いたら拉致事件の解決など望むべくもないし、相手にされなくなるどころか、蚕食されることを覚悟しなければならない。

※強制連行の問題

　　これは韓国より持ち出される苦情で、戦時中何百万人の韓国人が強制連行されたというのである。当時は韓国の人も同じ日本人として徴兵されていたし、また

人手が要る時には国民徴用令により日本人一律に徴用された時はあった。徴用と強制連行とを混同しないようたしなめて然るべきである。

＊2003年9月、川口順子外相が国連総会で北朝鮮による日本人拉致事件について演説した際、北朝鮮は「日本は朝鮮半島占領時代に840万人を強制連行し……」と反論した。840万人に比べれば、10数人の拉致など問題にならないという趣旨だが、日本は外務省も国会も、情けないことにそれに対して何の反論もできなかった。この程度のことが即座に処理できないようでは先の中国瀋陽事件における失策といい、外務大臣としては失格（勉強不足）である。

5．ＯＤＡは即刻中止せよ

あまり知られていないものにＯＤＡというのがある。Official Development Assistance 政府開発援助と呼ばれ、政府が発展途上国に向け資金援助をしているものである。援助額は１兆円前後（2000年は最高の１兆４千億円）で世界で最高の援助国とされている。

国民の皆さんがこの事実を知られたら結論は明白である。

ＯＤＡは即刻中止せよ。

破綻に瀕する国でありながら、他国の面倒など冗談じゃない。３万人もの自殺者や急増するホームレスもいる。今までの体面など棄てて、まず自分の身を処理することだ。

6．改憲問題について

　拉致問題の真相が明らかになるにつれ、にわかに国の防衛に関する認識が深まるに至った。それまでは戦後約60年の間、後生大事に平和憲法を守り不戦を唱えてさえいればよかったが、今回のような無法国家の前には空理空文であることが証明された。なるほど憲法前文には次のようにうたわれている。

「平和を愛する諸国民の公正と信義に信頼してわれらの安全と生存を保持しようと決意した」また、「われらは、いずれの国家も、自国のことのみに専念して他国を無視してはならないのであって、政治道徳の法則は、普遍的なものであり、この法則に従うことは、自国の主権を維持し、他国と対等関係に立とうとする各国の責務であると信ずる」

　なんと至極もっともで高尚なご託宣ではあるが、今回のような無法国家に対しては何の役にも立たない。いかに考えが甘いかが理解されたであろう。
　先の瀋陽事件にしてもしかり。日本領事館に亡命を求めてきた脱北者を力ずくで拉致した中国当局に対し、結局うやむやに終わってしまった。口では断固抗議するなどと、川口外相は強気の発言をしていたが、中国側に言

第6章　亡国の兆し

いくるめられて諸外国から物笑いにされてしまった。中国はまるで日本をなめ切って相手にしていない。全世界に流された映像でも明らかな主権の侵害に対して、文句を言い得ない情けなさ、筆者はいまだに憤りを覚える。

　次に拉致被害者の会はじめその支援団体は、米国政府や米国市民団体への陳情並びに支援を訴え続けている。これはいかに日本政府が頼り甲斐がない（無能国家）かということと、日本は米国の51番目の一州に編入された感じがする。日本政府は自分の非力を認めてか別に否定もしない。米国側は自国民のことではないにもかかわらず好意的に受けとめてくれている。その気持ちには感謝しなければならない。また現実に米国は日本の同盟国として日本を守ってくれている。それなのに、日本国内には米国を目の敵にする輩がいることは申し訳ないと思う。

　一方、国内を見れば、憲法では軍隊を持つことを禁止しているにもかかわらず、現実にはレッキとした軍隊を有しているではないか。自衛隊と呼んでいるだけで立派な軍隊である。諸外国もそのように認識している。だから湾岸戦争時にも、また今回のイラク復興支援にも協力しないのはおかしいと言っていたが、今回の自衛隊派遣により、日本の貢献度が認められるにいたった。
　以上のように、国内外の情勢からして現在の憲法は空

文化していることは明白となっている。

　なお、これに関連して核の問題がある。これに関しては、日本は唯一の被爆国だからとて非核三原則をとり、核所有云々に関してはタブーとされてきた。本件に関しては次の通り極めて明確である。

　１、核の研究はなすべきである。他国に遅れてはならない。
　２、平和利用に役立つならば所有しても構わない。
　３、軍事目的には使用しない。

　今回の一連の経験は、非核三原則の空文を神頼みしていれば、いずれ無法国家の餌食にされてしまうという教訓を示すものである。

第6章　亡国の兆し

7．教育改革の急務歴然たり

　最近のマスコミの報道で犯罪行為の頻発が目立つ。その中でも青少年の少年や幼児に対する痛ましい傷害事件の続発に、またかと心が打ちのめされる気持ちになるのは筆者だけではあるまい。

　28歳の青年が小学校に侵入して数人の児童を殺傷したり、12歳の少年が4歳の幼児を裸にして逆落としするなど、鬼畜の行為に思わず絶句する。万物の霊長たる人間が、しかも世界に誇り得る規範を備えたと自負する日本人が、かくまでに堕落したとはいやはや道徳の退廃どころか人心の滅亡遂に極まれりの感あるのみ。

　特に12歳の少年の犯行に関しての衝撃は未だに残っている。これは明らかに人間形成の欠如、つまり教育の欠陥であることを表している。

　戦後の教育を顧みると、反動政治の結果、戦前の教育はすべて誤っていたとして、修身時間をなくして道徳教育を廃し民主主義を自由奔放主義とはき違えてきた。幼時少年時代の未完成期の人の道を教えなければならない時期に、強制してはいけないとわがままを増長させた結果がこの有様といえまいか。戦後すでに60年、その偏向教育で育った世代が親となっている現代では、想像を絶するような犯罪行為に走る子どもが発生するに至るかも。

それにしても肌に粟を生ずる思い。以下の教育改革の急務を痛感する次第である。

1、幼時からの躾教育
2、修身の復活
3、中高等課程に道徳教育を入れる
4、歴史教育の見直し
5、教育基本法の見直し

第6章　亡国の兆し

8．文部教育行政への要望

①大学入試センター出題にみる文部行政の偏向

　2004年1月17日に行われた大学入試センターの試験に「第二次大戦中、日本への強制連行が行われた」という虚偽の内容を正解として選ばせる問題が出題された。筆者は瞬間的に誰かの作為だと察知したが、案の定各方面から不当出題だと抗議が相次いだという。そこで「新しい歴史教科書をつくる会」は文部科学大臣に設問を採点から除外するよう指導することを求める要望書を提出した。その際応対した高等教育局学生課の松川誠司大学入試室長は「教科書に記載があるから出題して構わない」と言ったという。そこで「つくる会」は大学入試センターを訪れ色々質問したところ、次の返答があった。

　1．入試問題は高校生の使っている教科書から作成する。教科書に載っていればよいので史実かどうかは検討していない。
　2．すべての教科書に載っていることだけで問題を作ることは不可能であるから、多くの教科書に載っていれば構わない。

　これでみると文部科学省も大学入試センターも開き直りである。

　本件、一見個人芸としか思えないことが、組織の中で堂々と罷り通っているのである。

・強制連行という史実にないことが、教科書に載っていることの不思議。
・文部科学大臣や大学入試センター長はこの事実をご存じか。
・教科書検定制度の見直しが必要である。
・大学入試センターの出題法改正の必要あり。
・文部科学省の偏向改正の必要あり。

②教育委員会について

現在地方公共団体（都道府県市町村）ごとに、5人の合議制による教育委員会によって学校教育の運営が行われているが、最近校長の自殺が多いと聞く。原因は教職員組合と教育委員会との間の軋轢が多いそうである。校長の立場は衆を恃んでの教職員組合に対し、教育委員会の意を受けて、1人ぼっちの立場だから気の毒である。教育委員会は状況をよく把握して校長の立場を援助するくらいの気持ちでやってほしいと思う。

9．政党助成金の中止

　これは選挙には金がかかることから、各政党への献金行き過ぎを抑制するためにと公的資金から支出するように1995年（平成7年）から開始された制度である。

　選挙のつど、各党の得票数に応じ、1人当たり250円ずつの計算（総額314億円）で各党に支出されるというものである。その中で共産党はこのやり方は違法だからとの理由で受け取りを拒否しているそうである。これは共産党の肩を持つわけではないが、この政党助成金を支出するのは憲法違反である。即刻に中止すべきである。

　この政党助成金は企業献金と密接な関係があり、次のような経緯がある。

①1994年（平成6年）、政府は改正政治資金規制法により、2000年（平成12年）1月より企業献金禁止を決めた。
②1999年（平成11年）11月、一旦禁止した企業献金を禁止しないと言明した（小渕首相）。
③この公然たる約束違反に非難囂々。そのため慌てて森幹事長が献金を禁止すると訂正した。
④その後、2000年経団連奥田会長より企業献金のすすめが提案され、自民党もこの誘惑を断りきれず、これ幸いと受け入れに応じる気配がある。

企業献金は受け取る、公的助成金もいただくでは、あまりに身勝手すぎないか。
　また、国民感情からしても、破産に瀕していながら為政者だけがお手盛りの特権に甘んじるのは慎むべきは当然のことである。
　国会の定数是正と同時に中止を求める。

10. 靖国問題

　今まで歴代内閣が抱えてきた懸案である。歴代首相の中で靖国神社に参拝すると、必ず中国、韓国から苦情が出る。苦情が出ると情けないことに参拝を中止してしまう。苦情を見越して初めから参拝しない人がほとんどである。最近参拝した人では中曽根首相に小泉首相くらいである。しかし、中曽根さんは参拝を中止したし、小泉さんも8月15日に絶対参拝するという約束を守らなかった。

　このように残念ながら本問題に関して、信念を貫き通して処理した人は未だかつていないのである。

　この問題は内政干渉に過ぎないだけであって、極めて簡単明白である。要は信念の問題であって、真の日本男児はいないのかといいたい。

　すなわち、
○8月15日に堂々と臆せずに参拝せよ
○国民の支持があるから、外国から苦情が出ても気にする必要ない。

＊靖国神社にA級戦犯が合祀している点に関する苦情には次の通り堂々と言明すればよい。
　「A級戦犯とは極東軍事裁判という勝者が敗者を裁いた不当な裁判の結果、勝者に名づけられたものであり、

わが国では認められていない。──不当な東京裁判の判決で戦犯とされた英霊達の名誉回復にと4千万人もの署名が集まり、1953年（昭和28年）8月3日衆議院で「戦争犯罪による受刑者の赦免に関する決議」が全会一致で決議されている──従ってわが国には戦犯など存在しないのだ」と信念をもって言えばよい。相手が納得しようとしまいと関係ない。相手国の顔色を見て汲々とした今までの態度はやめて今後毅然としてもらいたい。

11. 対外教科書問題

　これも靖国問題と同じく内政干渉である。これには歴史認識も絡んで次のような経緯がある。
・1993年（平成5年）、細川首相は過去のわが国の侵略行為と植民地支配で多大な被害を与えたと表明した。
・1995年村山首相も同様の趣旨でアジア諸国を謝罪して回り、マレーシアのマハティール首相より日本の謝罪外交もいい加減にしたらと笑われるくらいであった。
・同様の認識が橋本・小渕内閣で引き継がれた。
・このような雰囲気の中で2001年「新しい歴史教科書をつくる会」企画の中学歴史教科書について、中韓両国より、廬溝橋事件ほか8項目について修正要求があった。

　なおその後、次のような要求も相次いだ。

　　従軍慰安婦の記事掲載
　　南京虐殺事件記事掲載
　　日本軍将校による100人斬り
　　事件記事掲載
　　その他数カ所の記事修正

　これに対して日本政府は今のところ応じていないが、これはまさしく内政干渉である。断固として拒否すればよい。

今まで謝罪外交に終始してきた手前、文句を言われると相手の顔色を伺い、先方の意にそうよう取り繕う有様であった。戦後の賠償も済んだことだから独立国として、しっかりと腹を据えてやってもらいたい。

12. 戦時賠償問題

先の大戦による賠償はどう処理されたのか。

①サンフランシスコ講和条約

　1951年（昭和26年）4月28日連合国48カ国が参加。米国は無賠償を主張したが、大半の国がこれに賛成した。猛烈に反対したアジア各国は二国間協定を結んで解決した。

②中　国

　中国は元来蔣介石の「恨みに報ゆるに恨みをもってせず」の声明により無賠償であったが、田中角栄元首相が日中国交正常化で訪中した際、政治的野心から賠償を持ち出し、6兆円の賠償金と借款4兆円あわせて10兆円を支払った。中国にはこのほかにもＯＤＡによる経済援助もしているが、好意的感覚は全く認められず、借款とても返す意思はなく、これらの金で軍備を増強するほか、北朝鮮を援助している。

　このような状況では今後中国に対する経済援助は再考すべきである。

③韓　国

　韓国はサンフランシスコ講和会議への出席を許され

なかった不満があった。もともと日本人として戦って敗戦と同時に戦勝国に寝返ったのだから賠償を取るべきでないと言われても致し方なかろう。

その上、戦前日本統治時代に国有、法人、個人私有等の莫大な財産を残してきている。今日の金額で8兆1500億円と評価されている。

たとえ韓国がサンフランシスコ講和条約で賠償を要求しても韓国の方が逆に支払わねばならなくなる理屈になる。それでも1965年（昭和40年）日韓条約を結び無償3億ドル有償2億ドル合計5億ドルを支払った。これで賠償問題は解決したにもかかわらず、韓国人強制連行問題や慰安婦問題等言いがかりをつけ、取ろう取ろうとかかっているが、わが国は毅然としてこれ以上応じる必要はない。

④北朝鮮

賠償問題が解決していないのは北朝鮮だけである。北朝鮮は韓国と同じ民族ながら38度線で分断され特異な独裁国家となって孤立し、経済的にも困窮その極に達している。従って外部からの援助が欲しくてたまらず、その点日本からの賠償を誰よりも待ち望んでいたのである。しかし、日本に対しては拉致問題が未解決のため賠償要求を持ち出せずにいた。そこで思い切って今までシラを切っていた拉致問題を認めて一挙に賠

償を取ろうと目論んだのが一昨年（2002年）の平壌宣言である。ところが拉致被害者5人を返しただけで当面を取り繕おうとしたが、わが方が未解決のままでは納得しないため困ってしまったようだ。核で脅しても効果なく、6カ国会議にまで発展して厄介な展開になってしまったと思っているようである。

また韓国と同じく北朝鮮にも戦前日本からの莫大な在外資産が残されている。鴨緑江の水豊ダムや興南地区の科学コンビナート等は当時世界的規模と称せられ、戦後朝鮮半島の復興にどれほど貢献したことか。今日の評価額で韓国のそれよりも多い8兆7800億円と言われている。下手に賠償要求を持ち出せば、貰い過ぎているのではないかと言われるおそれもあるので、金正日はこの頃経済協力という言い方もしている。

いずれにしても油断できない国だからうまい口車に乗せられないように腰を据えてかかる必要がある。

⑤インド

1952年（昭和27年）賠償権を放棄した。

⑥旧ソ連

サンフランシスコ講和条約では、北方領土がソ連領と明記されなかったために署名しなかったが、1965年（昭和31年）請求権を放棄した。

⑦その他
　フィリピン、ベトナム、ビルマ（現ミャンマー）、インドネシアに対し、4,780億円支払い済み。

　以上、北朝鮮を除き、戦後賠償問題はすべて解決した。北朝鮮に関しては拉致問題、核問題をかたづけた上で処理すればよい。
　これをもって今後、専心内政改革に取り組むことができる。

13. 日本国民の国旗・国歌に対する愛着度

どこの国でも、国民は自分の国の国旗と国歌を愛し親しんでいる。国民として愛着を感じるのは自然の情である。

ところが、わが国の場合はどうも愛着度が盛り上がらない。今の国旗と国歌は明治時代より広く国民に親しまれてきたが、今回の敗戦により一部の人から敬遠されるに至った。そこで政府は1999年（平成11年）に「国旗及び国歌に関する法律」として「日の丸」を国旗とし、「君が代」を国歌と制定した。従って従来慣習に基づいていたが、法令上の根拠が与えられたことになる。しかし、批判も多い。特に「君が代」の歌詞については、明治憲法下の君主主義をうたったものであり、現在の国民主権原理に適合しないというのである。しかしそれについては主権者国民の総意に基づき象徴としての天皇を歌ったものだと考えればよかろう。この法律は守るとか守らないとか強制するになじまないものである。今後学校の式場などで自然発生的自発的に国旗掲揚や国歌斉唱されることを期待するものである。

※国旗・国歌に対する処理の実際

　昨年（2003年）10月東京都教育委員会は都内の高校や盲・ろう・養護学校に対し「日の丸・君が代」の実

施を細かく規定する通達を出した。然るに3月の卒業式に際して君が代の斉唱に教員百数十人が起立せず処分を受けたという。このような状況下では今後生徒にも同調者が出て処分されることもあり得ると懸念されている。

　自分の国の象徴で誇りでさえあるはずの日の丸や君が代を愛し得ない国民がいるとは今まで到底考えられなかったことで淋しく悲しい思いがする。これも亡国の兆しではあるまいか。嗚呼。

14. 先進国の負債比較（対 GDP 比）

　日本の優勢を国際比較してみよう。この場合、単純に借金の総額で比較するのでなく、その国の GDP（国内総生産高１年間に稼ぐ金額）に対する割合で比較するという方法をとる。GDP の高い国と低い国では借金の比重が違うからである。

負債の国際比較表（GDP 比）

国　別	GDP 比%			
	1990年	1995年	1999年	2000年
日　　本	64.6 (129.2)	80.4 (160.8)	115.3 (230.6)	122.9 (245.8)
米　　国	66.6	74.5	65.2	58.8
英　　国	44.5	61.1	57.0	54.4
ド イ ツ	42.0	57.1	60.6	59.7
フランス	39.5	59.3	64.8	64.4
イタリア	103.7	123.1	115.7	110.8
カ ナ ダ	93.3	120.6	111.6	104.9

日本の（　）の数字は負債の過少計上が判明？したため、(1,000兆円→2,000兆円) 筆者が２倍に修正したもの。これが本当の姿ではあるまいか。

なお、この表から次のことがうかがえる。

  50％以下……優良
  100％未満……安全圏
  100％以上……危険状態
  150％以上……倒産状態

（日本は断トツに高い）

終わりに

①気がかりな一部為政者の言動

　どうも気になることがある。2003年の自民党総裁選の最中、候補者小泉、亀井、高村、藤井、4名の主張の中で、

　1、わが国の財政危機に言及した者は亀井氏を除いてはいなかった。
　2、その亀井氏の主張が気にかかった。
　　「わが国の借金が800兆円あるが、なんら心配要りません。国民の金融資産が1,400兆円あるし、外貨準備高が5,000兆円もあるのですから」

これを聞いて宮沢喜一氏（元総理・蔵相）の次の談話を思い出した。
「終戦の時、政府は軍が持っていた債務を棒引きにした。今回も国が関与して引きずってきた古いものを切り捨てなきゃいけないんだろうなあ。我々には千何百兆円という国民資産があるからできると思うんですよ」（2001年10月31日　朝日新聞）

　この2人の発言から窺えることは、
1、国の借金を国民の資産で差し引きゼロにする。
2、普通ではそんなことをしたら大問題だが、やろうと

思えばできる（それしか方法はない）。

　筆者にはこのように受け取れる。これについて筆者の意見を述べてみたい。

〇両者とも為政者たる資格なし。消えうせろと言いたい。
　こんな政治家がのさばっていることがおかしいし、周囲も黙っていること自体奇妙である。
　　特に宮沢氏は首相経験者であり、大蔵大臣も歴任して今日の膨大な借金を作った戦犯の一員でもある。責任の一端を反省するどころか、まるでひとごとみたいに考えている。自分たちの失敗を営々として築いた汗の結晶である国民の資産を横取りして、帳消しにしてしまおうという魂胆である。よくもこんなことを平気で公言できるものかと、驚きを通り越して笑いたくなる。こんな人に国政を任せたかと思うと情けなくなる。

〇真面目さ、勤勉精神の欠如
　　どうも財政危機に対する反応のにぶさや、この2人の発言等から窺えることは、自民党に限らず与党野党全てについて真面目さ、勤勉さに欠けているように思われる。いつ国債が暴発するかわからないというのに、のほほんと構えている態度がそれを証明する。そして国債がパンクしたら勝手に国民の資産を使えばよい。

それをなんとも思わない。当然のことと思う。筆者には良心が狂ったとしか考えられない。真面目さ、真剣さ、一から出直そうという勤勉さの伝統はどこへ消えうせたかと言いたい。仮にやむを得ず国民の資産で借金を棒引きにしたとしても、赤字予算の体質は変わらないからその翌年からまた借金の累積が始まることになる。黒字に戻そうという努力のかけらがどうして見られないのか。これで真面目な政治と言えるのか、真剣さが全くない。緊縮予算で辛抱しようという勤勉精神も見当たらない。

　どうもこれらの風潮が感じられないところをみると、戦後僅か60年足らずの間に日本人の心はかくも腐敗したものかと情けなくなる。筆者の考え方は間違っているのだろうか。古くさいと思われるかもしれない。糞真面目と笑われるかもしれない。が、しかし筆者は信じる。これすなわち正論なりと。

②借換国債を借金と認めない異常センス
　筆者の今回の調査で判明した一大疑問は、借換債として新規債と共に発行された国債が政府の借金残高から除外されていることである。(27頁参照)
　また、一般に政府の発表を鵜呑みにして、それが定説となっており、異を唱えないのが不思議でならない。
　本書24〜25頁の表によれば借換債の累計は676兆円と

なる。このうち償却されたものがあると思われるが不明である。この表で2004年度の国債残高は約500兆円と推定されるから借換債を加えると1,100兆円を超すことになる。

なおこのほかに財投債（この表だけでも138兆円）、地方債200兆円、隠れ借金予想350兆円等を加えると1,800超兆円となり、2005年には2,000兆円を突破することは明らかである。この調子で進めば、何しろ3年で500兆円に達する勢いだからもう無茶苦茶というほかはない。

以上この表で見る限り歴代日本政府は、
1）40年間も赤字財政を続けていて、赤字体質に染まり切っている。
2）借金の癖が抜け切れないばかりか、借換えの味を覚えたら、その麻薬に幻惑され（30年間浸り切り）続けている。
3）しかも借金の度合いや麻薬の量はエスカレートして拡大の勢いである。
4）このような惨状にありながら、政府は日本の債務残高を過少に発表して、国民の疑惑を外らそうとしている。
5）現在すでに戦後60年間営々と蓄えた国民の汗の結晶1,400兆円金融資産や7,800億ドル（83兆円）の外貨資産も風前の灯となっている。
　＊亀井氏主張（115頁）の外貨準備高5,000兆円という

のは、この7,800億ドルのことで、数字を勘違いされているのではと思われる。

このような惨状にありながら己の非を悟らず根本改善どころか、年金改正、消費税等の増税など悪条件が目白押しの情勢にある。

これ亡国の兆しに非ずして何ぞや。筆者の苦衷ここにあり。

座して祖国の破滅を見るに忍びず。88歳の老骨ながら何とか救国の策をとりたいと願うばかりである。

③くれぐれも忘れてならない3カ条

いろいろ述べてきたが、最後にまとめとして忘れてならない次の3カ条がある。

第1　国債の発行は増税と同じだ

政府は毎年の歳出不足分を国債を発行して補っているが、これは我々に対する増税と同じである。

増税となると身を構えて反対するが、国債発行となると自分が直接国債を買わされるわけではないし、誰か金持ちが引き受けるだろうからまあいいやと、気にもとめなくなる。誰も止めようとしないからズルズルと今日まで続いている。これが国の借金となって残る。政府が決めたことは我々国民が決めたことになるから、この借金

を返すために増税（法人税、所得税、消費税等）されることになる。

増税は誰でも嫌だから、これから逃れるためには国債の発行を止めさせるよりほかにない。

国債の発行を止めさせる唯一の方法が本書の地道な改革である。もっとつましい生活、小さな規模の政府を目指すべきである。

第２　現在我々国民が負担すべき国の借金は、１人当たり2,000万円（地獄行きの列車に乗っている）

2004年度末で日本の借金総額を2,000兆円と仮定すれば（27頁参照）、１人当たり2,000万円弱の負担となる。

　　2,000兆円÷１億人≒2,000万円

＊≒の符号は概略の意味

　　日本の人口は1.2億人だから正確には
　　1,660万円となる。

独身者で2,000万円（1,600万円）
２人暮らしの老夫婦で4,000万円（3,200万円）
平均的な親子４人家庭で8,000万円（6,400万円）

以上は最低の負担額で１年ごとに１人当たり160万円以上増える予想だから恐ろしい。しかも、これは元金だけで別に利息がつく。ごく低金利で１％にしても老夫婦

で年320万円（月27万円）の利息負担がかかることになる。

　読者諸賢もうお解りでしょう。これでは到底負担できる程度のものではなく、自殺か一家心中しか考えられない地獄ですよ。現在地獄行きの列車に乗せられているのです。

第3　安全圏に脱出するには道はただ一つ——本書の改革あるのみ

　以上悲しい結果になってしまったが、ここまで落ちないと気がつかないとは情けない。いや気がつかなければ地獄到着は時間の問題で一件落着となる。

　ここで生き返る方法がただ一つ残されている。それは本書でいう"地道な改革"である。今からでも遅くない。この改革を手掛けさえすれば、その日から極楽行きの列車に軌道修正できる。これで完全に生き返る。一家心中などどこの世界の話やら。増税の話題もなくなり、消費税の総額表示云々で悩んだことも昔語りとなる。一転して世の中が次のように好転する。

1．さらに長寿化が進む。
2．生活が楽になり、少子化が多産に転じる。これは何よりの副産物であり、今回の改革に対する天の恵みかと思われる有り難いことである。

よって、ここにあらためて申し述べておきたい。
"この国を破産させてなるものか"

　2004年　初夏の候

　　　　　　　　　　　　　　　　　　　　　　著　者

著者プロフィール

増本 正典（ますもと まさのり）

大正4年（1915）熊本県に生まれる。
昭和13年　　　　海軍経理学校卒業
 〃 20年まで　　従軍（海軍主計少佐）
 〃 29年　　　　公認会計士登録
88歳の現在も、公認会計士・税理士として活躍。
主な著者に『人を使う人の実用経理学』（日本実業出版社）、『経営分析がわかる簿記』（日本法令）、『ワンタッチ簿記』（創知社）ほか多数。
また、著書のほかに「経営簿記ゲーム」「らくらく簿記」などのビデオテープの考案品を開発。

この国を破産させてなるものか

2004年7月15日　初版第1刷発行

著　者　　増本　正典
発行者　　瓜谷　綱延
発行所　　株式会社文芸社
　　　　　〒160-0022　東京都新宿区新宿1-10-1
　　　　　　　　　　電話　03-5369-3060（編集）
　　　　　　　　　　　　　03-5369-2299（販売）

印刷所　　神谷印刷株式会社

© Masanori Masumoto 2004 Printed in Japan
乱丁・落丁本はお取り替えいたします。
ISBN4-8355-7559-8 C0095